임진난의 기록

001
그들이 본 우리
Korean Heritage Books

임진난의 기록

루이스 프로이스가 본 임진왜란

루이스 프로이스 지음
정성화 · 양윤선 옮김

살림

발간사
서구의 시선으로 본 근대한국

세계에서 차지하는 한국의 위상이 과거에 비해서 현저히 높아졌고, 문화 교류도 활발해지는 시대입니다. 지구를 하나로 묶는 세계화가 진행되면서 민족 간의 경쟁도 더 치열해지는 한편으로 상호 소통과 이해의 필요성도 커져가고 있습니다. 동시에 우리와 타자 사이의 경계가 희미해지고 정체성의 위기도 더 절박한 느낌으로 다가오고 있습니다. 이런 때일수록 세계 속에서 우리가 누구인지, 타자의 시선에 비친 우리의 모습은 무엇인지 되물어보는 것이 중요해진다 하겠습니다.

이번에 발간하는 '그들이 본 우리 총서 Korean Heritage Books'는 이 시대에 꼭 필요한 일 중의 하나가 이 되물음이라는 인식에서 기획되었습니다. 이 총서에는 서양인이 우리를 인식하고 표현하기 시작한

16세기부터 20세기 중엽까지 한국이 근대 국가로 형성되는 과정에서 그들이 묘사한 대로의 과거 우리를 확인할 수 있습니다. 그리고 그들의 서술이나 묘사를 통해서, 한국이 어떻게 세계에 비추어졌으며 어떻게 우리가 '한국인'으로 구성되어갔는지를 살펴볼 수 있습니다. 오늘의 우리가 형성되는 과정을 이해하는 데 이 자료들은 하나하나가 매우 귀중한 보고서들입니다.

   이 총서를 통해 소개되는 도서는 한국문학번역원이 명지대-LG연암문고와 협력하여 이 문고에서 수집한 만여 점의 고서 및 문서, 사진 등에서 엄선한 100종으로 구성되어 있습니다. 한국문학번역원은 2005년 전문가들로 도서선정위원회를 구성하고 많은 논의를 거쳐 번역할 만한 가치가 있는 서양 고서들을 선별했습니다. 1995년 발족한 명지대-LG연암문고는 그동안 이 희귀본들을 수집 정리하는 데 많은 시간과 비용을 들였습니다. 이제 그 가운데 핵심적인 자료들이 번역 출간되어 일반인들에게 공개됨으로써, 우리 문화와 학문을 위해 훌륭한 자양분이 될 것으로 기대합니다.

한국문학번역원은 우리의 문화를 해외에 알리고 전파하는 것을 기본목적으로 하고 있는 기관입니다만, '우리'를 그들에게 제대로 알리기 위해서라도 '그들'이 본 '우리'를 점검해보는 일이 꼭 필요하다고 봅니다. 이 총서의 번역 출간을 계기로 한국문학번역원은 문화의 쌍방향적인 소통을 위해서 더욱 노력하고자 합니다.

이 총서 발간을 위해서 애써주신 명지학원 유영구 이사장님과 문고 관계자들, 선정에 참여하신 명지대 정성화 교수를 비롯한 여러 선생님들, 성실한 번역으로 도서의 가치를 높여주신 번역자 여러분들, 그리고 출판을 맡은 살림출판사에 감사의 말씀을 전합니다. 앞으로 이 총서가 관련 분야의 귀중한 자료로서만이 아니라 독자들의 재미있는 읽을거리로 자리 잡을 수 있기를 바랍니다.

2008년 3월
한국문학번역원장 윤지관

일러두기
본문에서 거리 측정 단위는 '레구아'이다. 1레구아는 대략 6킬로미터이다.

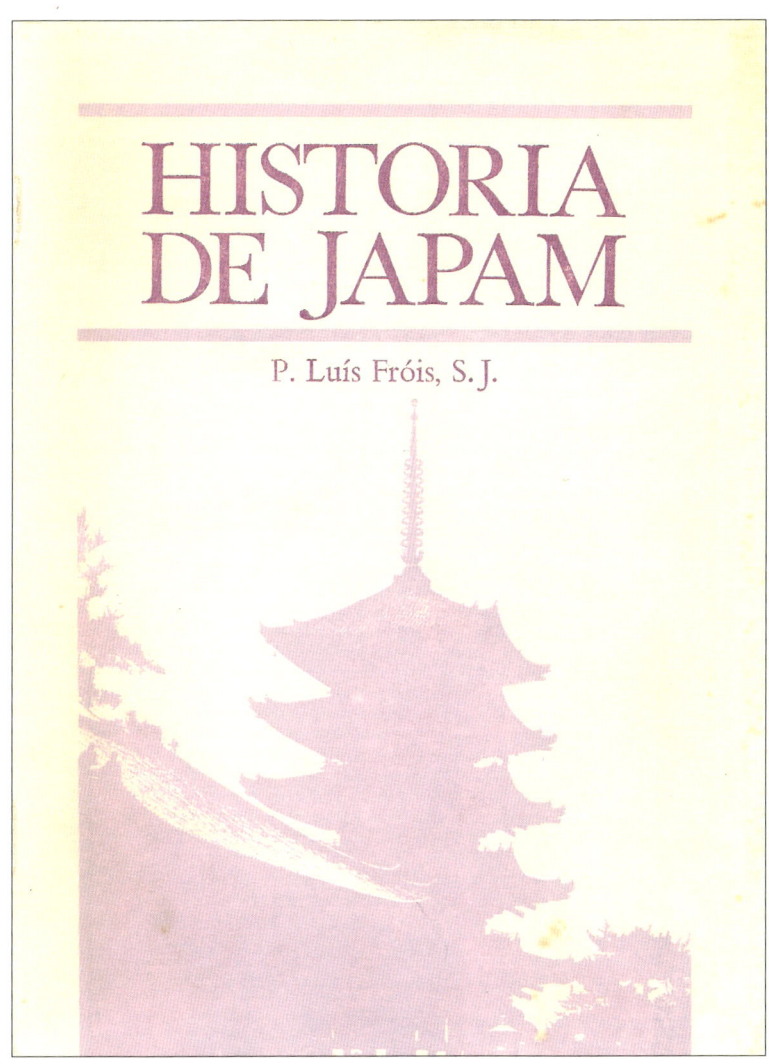

리스본 국립도서관에서 발행한 「일본사」 표지.

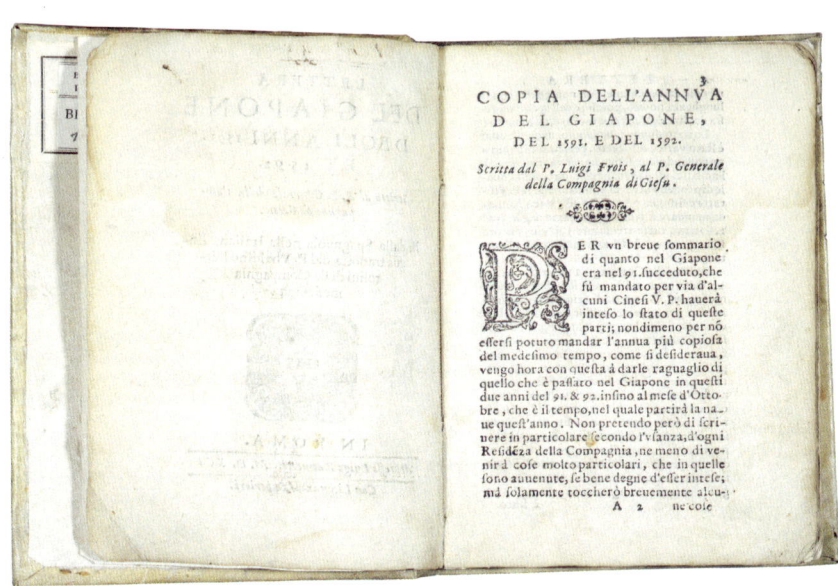

프로이스 「일본 연례서간문집」. 국립진주박물관 소장.

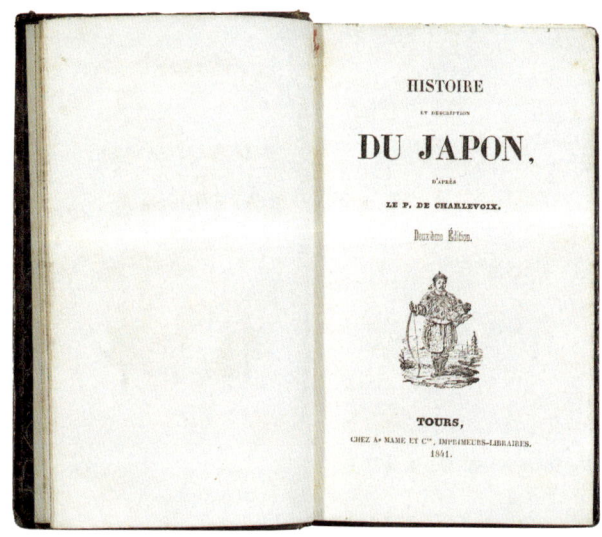

샤를르브와의 「일본역사」. 국립진주박물관 소장.

❶ ❷ 세스페데스의 서간문.
❸ 리스본 국립도서관 소장 cod. Ref. 177 360, f. 346 으로, 국립도서관 주제위키 본에 수록된 이미지임.
❹ 포르투갈인들이 일본에 정기적으로 항해하던 선박(일본어로는 흑선(黑船, Kurofune)이고, 우리말로는 검은돛배)의 모습.

프로이스와 노부나가의 만남.

역자 서문

16세기 초 유럽의 지도 제작자들이 세계전도를 제작하면서 극동을 배치하는 기준은 거의 획일적이었다. 아시아에 관한 지식이 일천했던 근대 초기의 대표적 지도인 아브라함 오르텔리우스Abraham Ortelius와 페트루스 플란키우스Petrus Plancius의 세계전도에서 극동은 이베리아 반도에서 가장 멀리 떨어진 우측 최상단에 배치됐다. 당시 유럽인들이 지닌 극동에 관한 지식도 이러한 지도상의 배치와 비례해 중세적 한계를 극복하지 못한 채 단편적이었으며, 헨리 율Henry Yule이 지적하는 바와 같이 지역적, 시간적으로 단절돼 있었다. 극동은 접근하기 어려운

미지의 세계로 오랫동안 남아 있었던 것이다. 그러나 16세기 말에 제작된 지도에서 극동은 비교적 자세히 묘사돼 있어 이 지역에 관한 지식이 16세기 초보다 현저하게 발전했음을 보여주고 있다. 이처럼 16세기 유럽인들은 100여 년에 걸쳐 추진된 대항해와 가톨릭 포교, 인쇄술 발전 등을 통해 극동에 관한 지식의 중세적 한계를 극복하고 새로운 정보를 서서히 확보할 수 있었다.

16세기 유럽인들은 다양한 경로를 통해 극동에 관한 소식을 접했다. 대항해 시대를 주도한 포르투갈인들은 인도, 말라카, 남중국 지역을 항해하면서 많은 기록을 남겼으며, 이 기록들을 토대로 아시아에 관한 필사본 또는 인쇄물이 제작됐다. 1550년 이후에는 스페인, 이탈리아, 네덜란드, 영국인들이 포르투갈의 자료를 자국어로 번역해서 동아시아에 대한 정보를 유포시키고 나아가 직접 포교와 교역에 참여함으로써 극동에 관한 지식을 유럽 전역으로 확산시켰다. 특히 16세기 후반기에 인도, 중국, 일본으로 파견된 포르투갈 출신 예수회 신부들은 포교는 물론 이 지역의 정치, 문화, 사회, 종교와 관련된 귀중한 내용을 언급한 서간문 등 각종 필사본을 작성해 유럽인들에게 이 지역을 이해할 수 있는 중요한 수단을 제공했다.

16세기 극동에서 활약한 예수회 신부들 가운데 루이스 프로이스는 한반도와 관련해 가장 많은 자료를 남긴 인물이다. 1563년 일본에 도착한 이후 1597년 나가사키에서 사망할 때까지 프로이스는 전국戰國 시대의 정치적 격변기를 몸소 경험했고 도요토미 히데요시(豊臣秀吉)가 임진왜란을 계획하고 치르는 전 과정을 직접 눈으로 지켜본 극소수의 이방인 중 한 사람이었다. 프로이스는 일본에서의 경험을 예수회 서간문이나 각종 필사본 형태로 우리에게 남겨주었다. 특히 프로이스가 일본 연례서간문의 집필을 담당한 1580년대 이후에는 그의 집필방식이 예수회 서간문의 중요한 모델로 부각됐으며, 유럽인들은 이 연례서간문에 커다란 반응을 보였다. 프로이스가 일본에서 작성한 서간문들은 주로 마카오나 인도 고아에서 수집돼 포르투갈 코임브라로 보내졌다. 코임브라에서 필사된 서간문들은 로마와 유럽의 예수회 수도원으로 발송됐다. 예수회는 이 서간문들을 편집해 1581년부터 『일본 연례서간문집 Cartas Ânuas』이라는 이름으로 유럽 여러 도시에서 출판했다. 16세기 후반기에 집필된 예수회 서간문들에 실려 있는 한국 관계 자료들은 대부분 프로이스가 작성한 것으로, 유럽의 주요 언어로 번역·소개됐다. 프로이스가 임진왜란과 관련해 집필한 서간문들은 영어로 번역돼 1599년 해크루트가 발행한 항해기 전집에도 포함됐다. 구즈만 Luis de Guzmán 이 『선교사들의 이야기 Historia de las missiones』를 집필하는 데도 대부분 인용됨으로써 이 책은 마르코 폴로가 한반도를 의미하는 '가올리'를 언급한 이후 유럽인들에게 가장 광범위하게 알려진 한국 관련 자료가 됐다.

프로이스는 『일본 연례서간문집』 이외에도 16세기 후반기 동북아의 역사와 문화를 상세하게 기술한 가장 대표적인 필사본이라 할 수 있는 『일본사』를 집필했다. 알렉산드로 발리냐노 신부의 요청에 따라 프로이스가 1584년부터 시작해 사망할 때까지 집필을 계속한 그의 『일본사』는 오랜 집필 기간만큼이나 방대한 내용을 지닌 일종의 '일본판 종합보고서'라고 할 수 있다. 특히 이 필사본은 예수회 신부들의 일본 포교사는 물론 전국 시대의 정치적 혼란과 도요토미 히데요시의 위선적 행위, 임진왜란의 발생과 전개 과정 및 강화 협상 내용 등을 이방인의 눈으로 솔직하고 상세하게 언급하고 있다. 프로이스는 일본사를 마치 친구에게 이야기하듯 생동감 있게 그리고 구체적으로 서술하고 있다. 그래서 후에 발리냐노는 프로이스가 지나치게 솔직히 일본의 위정자들과 한반도 침략을 비판하고 있다고 판단하고 원고의 출판을 허용하지 않는 바람에 프로이스의 필사본은 오랫동안 빛을 보지 못했다. 한편 발리냐노 자신은 1577년, 1580년, 1583년에 각각 3권의 『일본 요록 Sumario de las cosas de Japón』 원고를 완성하고 이를 토대로 자신이 직접 일본 포교에 관한 『역사 Historia』를 집필했다. 그러나 발리냐노의 원고 대부분은 프로이스의 『일본사』를 바탕으로 작성됐다.

프로이스의 『일본사』는 16세기 후반기 한국의 문화와 역사를 설명하는, 유럽인이 작성한 대표적인 필사본이라고 할 수 있다. 『일본사』를 통해 프로이스는 16세기 후반의 서양인들이 한국과 한국인에 대해 지니고 있었던 태생적 이미지를 잘 보여주고 있다. 즉 프로이스는 한국이 역사적으로는 중국에 조공을 바치는 사대주의 국가이지만 문화적으로는 독자적인 전통과 언어를 지니고 있으며 외국에 대해서는 추호도 문호 개방을 허용하지 않는다는 점을 강조하고 있다. 이러한 프로이스의 한국 이미지는 17세기에 유럽에서 발행돼 크게 유행한 마르티노 마르티니Martino Martini의 『만주족의 중국침략Bellum Tartaricum』이나 헨드리크 하멜Hendrik Hamel이 작성한 보고서에서 나타난 한국 이미지와 크게 다르지 않다.

역자들은 프로이스가 집필한 『일본사』에서 조선과 관련된 부분을 선택해 이 책에서 소개하고 있다. 프로이스는 도요토미 히데요시가 정권을 장악한 직후부터 임진왜란을 일으킨 배경과 준비 과정, 명나라의 참전과 우리 의도와는 상관없이 강화 협상을 추진하는 중국 측 배경을 여과 없이 솔직하게 알려주고 있다. 또한 프로이스는 유럽인들에게 베일에 싸인 조선의 구체적인 위치와 지형 및 기후는 물론 주요 생산물과 특산물을 소개하고 있다. 나아가 궁술과 해전에 능한 조선인의 특징, 중국과 조선의 사대주의적 조공관계, 서울의 모습, 조선의 국방상황, 대외교역, 대외적인 쇄국정책, 종교와 언어, 의상 등에 대해 상세히 언급하고 있다. 프로이스의 『일본사』에서 한국과 관련해 가장 중요한 내용은 임진왜란에 관한 기술이다. 프로이스는 일본군의 전쟁 준비를 비롯해, 부산에 도착하고 서울을 함락하며 평양성을 공격하는 상황, 명군의 도래와 강화 협상에 이르기까지 임진왜란의 중요 과정을 상세히 설명하고 있다.

역자들은 프로이스가 포르투갈어로 작성한 『일본사』를 번역하기 위해 포르투갈 국립도서관에서 1976년부터 1984년까지 8년에 걸쳐 간행한 총 5권 중 임진왜란 부분에 해당하는 제5권의 마지막 10장을 기본 자료로 사용했다. 이 판본은 주제 위키(José Wicki, S. J.) 신부가 포르투갈의 국립도서관과 아주다 도서관, 해외역사고문서관 등에 부문별로 흩어져 보관돼 있는 필사본들을 최초로 종합 분석한 것으로, 같은 시기의 필사본이 두 개 이상 존재하는 경우 대조해 누락되거나 오역된 부분은 바로잡고 일본 측 사료도 참고한, 그야말로 프로이스 『일본사』의 완결본이라 할 수 있다. 역자들은 포르투갈어 원본을 번역했으며, 이외에도 일본에서 출판된 여러 일본어 번역본과 기타 국내 자료들을 참고해 이 한국어판 번역본을 집필했다.

역자들은 이 책이 번역돼 출판되기까지 많은 분의 도움을 받았다. 지난 수년간 한국과 관련된 서양 고서 100선을 선정하고 출판을 결정하는데 많은 도움을 주신 한국문학번역원의 윤지관 원장님과 고영일

박사님, 박장근 선생님 그리고 살림출판사 심만수 사장님께 진심으로 감사를 드린다. 또한 미숙한 원고의 교정을 위해 많은 조언을 주신 명지대학교의 이미숙 교수님과 국제한국학연구소의 관련 연구자들께도 깊은 감사의 마음을 전한다.

2008년 3월

정성화, 양윤선

차례

발간사　5
역자 서문　8

제69장_ 관백이 어떻게 중국을 정복하려 했는가와 자신의 후계자로 삼아 새로운 관백으로 임명하며 지위를 물려준 조카 대납언에게 일어난 일들에 대해　23

제70장_ 일본 영주들이 토로하는 중국 정복 계획에 대한 어려움과 관백이 더 효과적인 정복을 위해 중국에 인접한 조선을 먼저 무력으로 정복하기로 결정한 일에 대해　33

제71장_ 선에 대한 설명과 아고스티뉴가 그의 군대와 함께 어떻게 조선으로 출발했는가에 대해　44

제72장_ 아고스티뉴가 어떻게 조선으로 출발해서 곧바로 일부 성을 공격했는가와 매우 용감하게 무력으로 정복함으로써 그곳에서 획득한 명예에 대해　53

제73장_ 쓰노카미가 조선의 서울에 입성할 때까지 일어난 일에 대해　64

제74장_ 어떻게 하여 노관백이 조선으로 건너가지 않았고, 어떻게 일본 측 전황이 악화되고 불리해졌는지에 대해　82

제75장_ 아고스티뉴가 중국군과 어떻게 야전을 치르고 승리를 거뒀는지에 대해　88

제76장 _	중국군이 일본군과 치른 다른 전투와 그동안 발생한 여러 일에 대해	107
제77장 _	병사들이 아고스티뉴에게 평양성을 포기하도록 설득한 일과 이와 관련해 일어난 일들에 대해	118
제78장 _	일본군이 어떻게 서울을 포기했는지와 평화 협상을 논하기 위해 아고스티뉴가 어떻게 중국의 사신 두 명과 나고야로 향했는지에 대해	125
제79장 _	관백이 중국 사절에게 준 회답과 이후 아고스티뉴가 조선군에게 거둔 빛나는 승리와 성공에 대해	136
제80장 _	관백이 명령한 몇 가지 일에 대해	150

부록
- 용어풀이   159
- 루이스 프로이스와 『일본사』   184
- 『일본사』 필사본 소장처   205

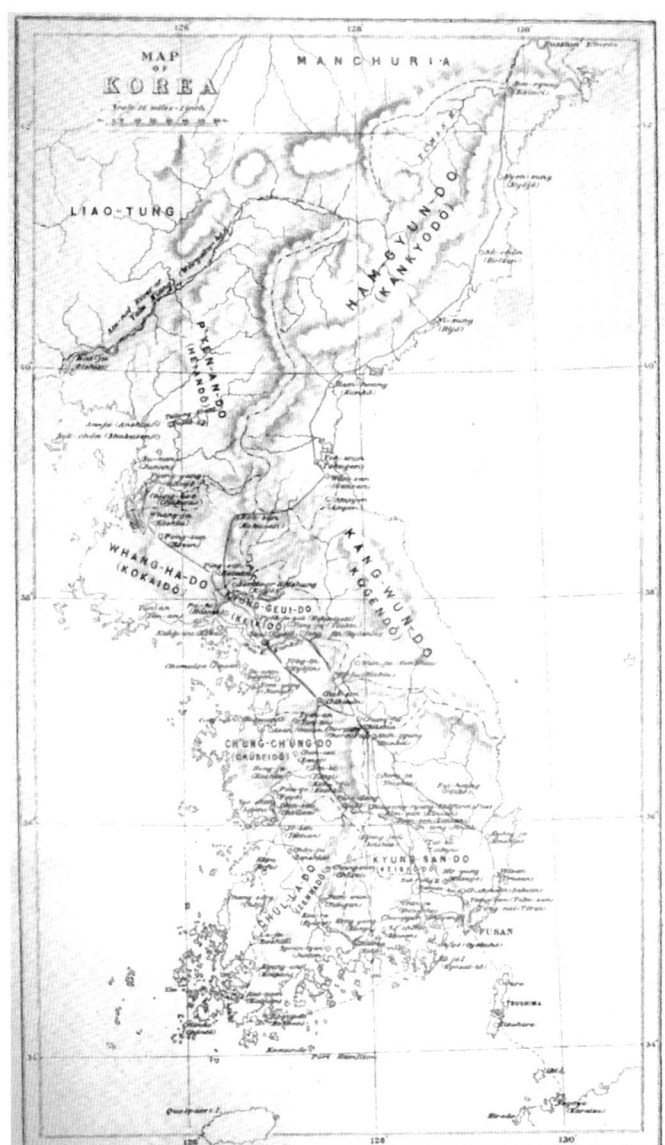

Map of Korea 리스본 국립도서관에서 발행한 「일본사」, 5권에 수록된 이미지로, 원래 출처는 J. Murdoch, A History of Japan II, 고베, 1903.

제69장

관백關白[1]이 어떻게 중국을 정복하려 했는가와 자신의 후계자로 삼아 새로운 관백으로 임명하며 지위를 물려준 조카 대납언大納言[2]에게 일어난 일들에 대해

관백은 일본 전체의 절대군주가 됐다. 이로써 관백은 66개의 모든 영국領國을 자신의 지배 아래 둠으로써 막대한 부와 찬란한 성공을 통해 부귀영화를 누렸다. 이들 제국의 모든 영주와 제후는 각자의 녹祿과 능력에 따라 수많은 선물, 금, 은, 재물 등을 끊임없이 관백에게 바쳐야만 했다. 한편 관백에게는 자식이 오직 한 명 있었는데 많은 사람들은 관백의 진짜 아들이 아니라고 생각하고 있었다.[3] 관백이 성불구자이기 때문에 본래 자식을 볼 수 있는 체질은 될 수 없다고 그들은 알고 있었다. 이런 가운데 이 아이는 3살의 나이로 숨지고 말았다. 자식

을 잃은 슬픔에 낙담한 관백은 누이의 아들에게 천하天下[4]를 넘겨주고 대신 자신은 막강한 군대를 이끌고 대륙으로 건너가 중국을 무력으로 정복하는 원대한 계획을 세우고 이 과업에 여생을 바치기로 결심했다. 이러한 야심은 대륙을 정복하는 명예롭고 훌륭한 과업을 수행한 일본 최초의 군주가 됨으로써 후세에 자신의 이름이 사라지지 않고 영원히 기억될 수 있도록 하려는 데 목적이 있었다. 그는 종종 가신들과 허물없이 대화를 나누면서 "나는 이미 일본인 가운데에서 모든 것을 충분히 누릴 수 있는 관직에 올랐으며 명예와 부, 권력, 영화도 모두 얻었다. 이러한 자리에서 하고자 하는 마음이 있는데도 원대하고 거창한 어떤 과업을 이루려고 하지 않는다면 그동안 쌓아온 권력과 영화는 과거의 보잘 것 없던 때 이전으로 뒷걸음질치거나 실추될 것은 불을 보듯 뻔한 일이다"라고 말하곤 했다.

   관백은 일본인들의 기질이 본래 변덕이 심하고 전쟁이나 반란을 통해 문제를 해결하려는 경향이 있어 이러한 기질을 바꾸지 않고서는 이들의 영국領國을 실로 별 탈 없이 원활하게 통치하기가 쉽지 않으리라는 사실을 잘 알고 있었다. 관백은 그들을 위무하고 상황이 조용해지고 나면 자신의 뛰어난 능력과 열정으로 이 중국 정복 과업에 그들을 동원하기로 결심했다. 그러나 일본의 제후와 저명한 무장들은 이러한 고된 과업을 수행한다면 목숨을 잃게 될 것은 의심의 여지가 없을 것이라고 확신하고 있었다. 더욱이 두 번 다시는 자기의 조국과 영국과 영토로 돌아오지 못하리라는 생각으로 극도의 두려움에 떨고 있었다.(왜냐하면 일본인들은 이때까지 한 번도 다른 나라나 왕국을 정복하려 한 적이 없기 때문이었다.)[5] 관백도 이 과업이 그들에게 얼마나 힘들고 어려운 일인가를 잘 파악하고 있었으므로 특출한 계략과 계책을 마련하고 이들을 관대하게 대했다. 관백은 이들 중 몇몇에게는 허물없이 솔직하게 대해주었고, 너그러움과 자비로움을 보이기 위해 유배를 간 자들은 복귀시켰으며, 어떤 이들에게는 사적으로 초대해 친근함을 강조하는 등 노력하는 모습을 보였다. 관백의 이러한 노력으로 그들 모두는 중국 정복의 과업 수행에 대한 의지를 갖게 됐다.

일찍이 일본에는 공방公方[6]이라는 매우 높은 관직이 있었다. (이 직책을 지닌)[7] 요리토모[8]라는 사람은 대단히 고귀한 인물이었다. 그가 남긴 위업과 명성은 후세에 많은 책으로 쓰여졌다. 공방이란 관직은 일본의 천황을 의미하는 다이리(内裏)[9]의 수장首將으로서 제후와 영주들에 대해 우위와 통치권이 있었다. 그(요리토모)[10]에 대해 전해오는 유명한 이야기 중 하나이다. 그는 자신의 위엄을 과시하고자 전국 주요 영주들과 함께 매우 장엄한 분위기 속에서 (   )[11]에 걸쳐 있는 후지산(富士山)[12]이라고 불리는 일본에서 매우 높고 유명한 산으로 사슴과 멧돼지 사냥을 갔다. 이들은 각자 자신의 지위와 칭호에 따라 매우 화려한 기장記章을 달고 갔다. 매우 다양한 의식과 성대하게 치러진 왕가 사냥에 대한 일화는 수없이 많은 찬사와 명성 속에 기념됐다. 일본의 주요 작가들은 그날의 일을 자신들의 역사에서 가장 중요하고 훌륭한 사건 중 하나로 지목했다.

이미 언급한 것처럼 명예와 명성을 중요하게 생각하는 관백은 오와리국(尾張國)에서 대단히 성대하고 장엄한 수렵대회를 개최하기로 결정했다. 이 결정에는 두 가지 목적이 있었다. 하나는 무려 500년 전부터 오늘날까지 이들의 머릿속에 남아있는 요리토모에 대한 기억을 지우게 하면서 대신 자신의 위대함과 장엄함에 대한 기억을 남기려는 것이었다. 다른 하나는 이 소식을 전해들은 전국의 영주들이 이러한 행사를 축전 분위기 속에서 기쁨과 즐거움을 만끽하도록 하게 함으로써 매우 고되고 힘든 중국 정복 과업에 따르는 어려움에 대한 근심을 떨칠 수 있게 하기 위해서였다. 관백은 교토(京都)[13]로부터 5~6일 여정의 거리에 있는 오와리국을 향해 대단히 화려하고 성대한 의식을 갖추고 출발했다. 그는 전국에서 명성이 높고 출중한 영주들을 거느리고 다양하고도 수많은 고가(高價)의 (일본에 있는 우수한)[14] 매도 데리고 갔다. 요리토모의 수렵잔치가 사슴과 멧돼지 사냥이었던 것에 반해 관백은 오직 새만 사냥함으로써 요리토모와 차이를 두고자 했다. 영주들은 관백을 기쁘게 하는 일이라면 가능한 모든 일은 다 하려고 했다. 이들은 성대한 의식을 위해 의상과 마구에 온갖 치장을 함으로써 관백으로부터 칭찬의 말을 듣고자 했다. 또한 진홍색 비단 실을 꼬아 만든 신발을 신거나 이와 유사한 것들을 채비할 정도였다. 사냥은 대단히 성공적으로 끝났다. 많은 사람의 증언에 따르면 관백은 2,500마리 이상 큰 새를 사냥했으며, 귀인들은 연회를 마련해 이 새들을 감상했다.

일종의 개선식을 행하며 교토로 돌아갈 준비를 마친 관백은 이때에 맞춰 조카 대납언에게 자신이 지금 있는 오와리국으로 오도록 지시했다. 그는 아주 먼 간토(關東)[15] 지방으로부터 돌아오는 길이었다. 관백의 지시로 정예 군대를 거느리고 간토 지방에서 일어난 반란을 진압하기 위해 출정한 대납언은 매우 훌륭하게 임무를 수행했다. 대납언은 간토 지방의 영국領國과 반란을 일으킨 영주들을 제국에 종속시키고 많은 수의 반란군을 파멸시킴으로써 모든 것이 평화를 되찾게 했다. 관백은 그에게 전국의 통치권과 관백의 지위를 물려줄 생각이었다. 그래서 그곳(오와리국)[16]에서 (대납언에게)[17] 임무의 중요성과 통치권이 크게 확대된 정부를 잘 이끌도록 신중해야 할 점들과 이유를 설명했다. 관백이 그에게 훈계한 내용 중 일부는 다음과 같다.

첫째, 가신들에 대해서는 너그러움과 관용, 동정심을 갖도록 노력하라.

둘째, 사람을 대할 때는 진실과 신의로 대할 것이며, 매사에 정직하고 성실하며 청렴결백하라.

셋째, 대납언의 임무는 무거움이 막중하고 권위를 갖춰야 하기 때문에 원숙함과 위엄 있는 처신을 해서 권위를 훼손할 수도 있는 경솔한 행동을 삼가라.

넷째, 자신이 해 온 것처럼 군사기술과 전략을 많이 익혀 필요시에는 가장 어렵고 긴급한 전투에서도 대담하고 용맹한 무사가 될 수 있도록 하라. 그렇게 함으로써 적이 두려워하도록 하고, 전투에서 용맹하고 위험을 무서워하지 않는 자로 기억되게 하라.

관백은 그에게 다음과 같이 덧붙였다.

"이미 언급한 충고들을 따르려면 너는 많은 노력을 해야 할 것이고 나의 본보기를 따를 수 있도록 온 힘을 다해 일해야 한다. 그러나 나에게도 네가 본받지 말아야 할 몇 가지 점이 있는 것은 사실이다. 아주 미천한 신분이었던 나는 자력으로 이렇게 높고 고귀한 관직에 올라 지위가 올라가면서 이러한 버릇들이 습관으로 됐기 때문에 미처 버리지 못한 나쁜 버릇 몇 가지가 나에게 있게 됐다. 천하를 잘 다스리려면 사람들이 너에 대해 다음과 같은 인상을 갖지 않도록 하라.

첫째, 내 몸에 배어 있는 일종의 경솔함이다.

둘째, 나의 유희遊戲를 위해 여러 지역에 많은 여자를 거느린 것이다.

셋째, 내가 다양한 방면에 대해 가진 욕망이나 기호嗜好는 지나칠 정도여서 차노유(茶の湯)[18]의 초대에 지나치게 응하는가 하면 사냥 또한 지나치게 좋아하는 경향이 있다.

이런 점들은 관백의 지위에 어울리지 않는 것이다."

관백은 대납언에게 훈계하고 특히 중요한 사항들을 알려준 뒤 대단히 화려하고 정연하며 성대한 의식 속에 교토를 향해 출발했다. 맨 앞에는 그가 사냥한 2,500마리의 큰 새들을 금박을 입힌 긴 대나무에 한 마리씩 꽂아 순서대로 사람들이 들고 갔다. 그 뒤로는 매를 든 화려하고 빛나는 의상을 입은 귀인들이 따랐다. 우측으로는 매우 호화로운 장식의 마구를 찬 20필의 말들이 뒤따랐다. 그리고 두 대의 훌륭한 가마가 이어졌으며, 관백의 바로 앞에는 일본의 대영주와 최고위 무장들이 행진했다. 그런데 당시 이들은 유배자의 신분으로서 관백의 전방에서 양측으로 나뉘어 행진했고, 각자 신분에 따라 사냥개의 고삐를 잡고 데려가도록 했다. 이는 아무리 권세 있고 높은 지위에 있는 영주들이라 하더라도 이처럼 성대한 의식에서 매우 보잘것없고 하찮은 일을 맡아 하게 함으로써 이를 지켜본 사람들로 하여금 묘한 경탄과 공포심을 불러일으키게 했다.

이들 바로 뒤에 관백이 행진했다. 그는 수많은 은장식이 박혀 있는 화려한 가마에 타고 있었다. 가마 중앙에는 역시 은으로 만든 훌륭한 인면 조각들이 걸려 있었고, 손잡이 끝 부분에는 무늬가 있는 초록색 우단羽緞으로 만든 받침대가 달려 있었다. 가마 위로는 천개天蓋와 같은 훌륭한 덮개가 있었다. 그 뒤로는 수많은 귀인과 관백의 시중을 들던 이들이 따랐다.

관백은 교토에 도착하자마자 그의 조카를 자신의 후계자로 삼고 관백의 지위를 물려줬다. 자신은 스스로 태합太閤[19]의 칭호를 택했다. 그는 조카에게 저택과 거처로 교토에 지은 궁전과 성들을 넘겨주고 자신은 오사카의 궁전으로 옮겼다.

그는 금화 1콘투[20]에 해당하는 금과 금화 2분의 1콘투에 해당하는 은을 줬다. 또 대단히 훌륭하고 값비싼 물품들을 하사했다. 이 중에는 일본의 보물이라 할 수 있는 다기茶器는 물론 골동품으로서 대단한 명성과 가치가 있는 도검과 단도, 이 밖에 일본을 돌아다니는 두루마리 목록 한 부에 특별히 적혀 있는 많은 것이 포함돼 있었다.

관백은 그에게 기본 경비로 녹祿을 추가로 주었고 개인적으로는 쌀 60만 섬을 하사했다.

그는 그렇게 위대하고 장엄한 관백의 자리를 단념하고 이를 조카에게 넘겨줬지만 자신의 권위나 위엄, 지배력, 영토에 관해서는 아무것도 제외되거나 빼앗긴 것이 없었다. 오히려 그는 이전에 가진 지배권을 모두 가지고 있었다. 그는 자신이 죽었을 때 주요 무장과 영주들로부터 자신의 조카가 이미 천하를 다스리고 있으며 자신의 후계자로 인정받게 하려고 이러한 책략을 도모한 것이다.

주

1 도요토미 히데요시를 가리킨다. 프로이스는 일본어 발음에 따라 간바쿠(원문 Quambaco)로 표기했다. 본 번역문에서는 독자들의 이해를 돕고자 우리말 발음으로 '관백'으로 옮기고 한자를 병기했다. 역자는 번역의 통일을 기하고자 이러한 우리 한자음과 일본어에 대한 외래어 표기 방식을 본 번역문 전체에 적용했다.

2 원문 'Dainagondono'. 도요토미 히데쓰구(豊臣秀次)를 가리킨다.

3 도요토미 히데요시의 장남인 도요토미 쓰루마쓰(豊臣鶴松)를 가리킨다.

4 원문 'Tenca'. 덴카(殿下).

5 괄호 안의 내용은 프로이스가 직접 삽입한 주해다. 이후부터는 '프로이스주'라고 한다.

6 원문 'Qubósama'.

7 역주.

8 미나모토노 요리토모(源賴朝, 1147-1199)를 가리킨다. 가마쿠라막부(鎌倉幕府)의 초대 장군을 지냈다.

9 원문 'Dairi'.

10 역주.

11 프로이스가 작성한 필사본에는 공란으로 처리돼 있는데, 아마도 집필 당시 정확한 지명을 알지 못했기 때문인 것으로 보인다. 가이국(甲斐國)과 스루가국(駿河國)이라

는 표현이 맞을 것이다.
12 원문 'Fuginoyama'. 시즈오카현(靜岡縣)과 야마나시현(山梨縣)에 걸쳐 있는 활화산. 표고가 3,776미터인 이 산은 일본 최고봉이다. 일본 삼대 명산 중의 하나로 1936년 2월 1일 후지하코네이즈(富士箱根伊豆) 국립공원으로 지정됐다.
13 프로이스는 일본어로 수도를 뜻하는 미야코(Miaco)라고 표기했으나 본문에서는 교토로 번역했다.
14 프로이스주.
15 관동關東은 어떤 특정의 관문에서부터 동쪽 지방을 가리키는 지역 호칭이다. 중국과 일본에 의해 예전부터 사용된 말로, 의미는 지역과 시대에 따라서 크게 차이가 난

다. 여기에서는 일본의 간토 지역을 가리킨다.
16 역주.
17 역주.
18 원문 'chanoyú'. 의례에 따라 손님에게 차를 대접하는 행위 또는 다도茶道를 말한다.
19 원문 'Taicosama'.
20 원문 'conto'. 당시 포르투갈 화폐 단위로 1 conto는 1,000에스쿠두스(escudos, 유로화 통일 이전의 포르투갈 화폐 단위)이다. *Dicionário da Língua Portuguesa Contemporânea*, 2 vols., Lisboa, Academia das Ciências de Lisboa, Verbo, 2001, vol. I, p. 950.

제 70 장

일본 영주들이 토로하는 중국 정복 계획에 대한 어려움과 관백이 더 효과적인 정복을 위해 중국에 인접한 조선[1]을 먼저 무력으로 정복하기로 결정한 일에 대해

사람들은 모두 쉽게 찾아 볼 수 없는 명석함과 사려 분별이 분명한 관백이 어째서 그렇게도 오만하고도 무모하리만치 중국 정복의 과업이 성공할 것으로 확신하고 있는지에 대해서 내심으로 불평하고 있었다. 다른 어떤 화젯거리보다도 중국을 정복하겠다는 이 이야기는 일본 전체를 알 수 없는 놀라움과 극도의 두려움으로 뒤덮었다. 많은 의견 중에 그러한 과업을 따른다는 것은 명백히 어려운 일이었으며, 사람들의 판단은 저마다 다 달라서 어지럽기 그지없었다. 심지어는 이해조차 할 수가 없다는 의견까지 나왔다. 이 과업에 동참하지 않겠다

는 의견은 확실했으며 일본 전역에 걸쳐서 반역의 움직임이 도사리고 있는 등 사태는 절박하게 돌아가고 있었다. (과거에 어느 누구도 절대적 영주로서 우세한 적이 없었던 것처럼 현재 관백이 그들에게 행사하는 영향력은)[2] 전국의 모든 영주와 제후와 무장들을 압도하는 것이 그들의 영국領國과 영토와 영주권 박탈, 처자식과 친척과 하인들로부터의 격리, 모든 취미와 환락을 누릴 자유를 빼앗는 것과는 완전히 별개의 문제였다. 사람들은 이미 눈앞에 빤히 보이는 듯이 고향과 영지로부터 멀리 떨어진 그곳에서 피할 수 없는 위험과 재앙 속에 내던져져 곧장 죽음을 맞아 영원히 자신의 영국과 영토로 돌아오지 못할 것이라는 사실에 의심조차 하지 않았다.

이와 같이 첫 번째로 들 수 있는 어려움 외에도 다른 많은 장애와 심각하게 불리한 상황들이 대두하고 있었다. 무엇보다 일본의 모든 귀족이 관백에게 이해할 수 있는 이유를 들면서 반란을 일으킬 수도 있다는 점이었다.

두 번째는 본래 일본인들은 다른 나라와 전쟁을 치른 경험이 전혀 없는데다가 이들이 정복하고자 하는 나라의 진로, 항해로, 언어, 지리에 대한 지식이나 정보가 전혀 없었다.

세 번째는 우선적으로 해상을 통한 공격을 해야 하는데 내륙 깊숙이 있는 지방 출신 제후와 영주들은 선박이나 수병을 보유하고 있지도 않을 뿐만 아니라 순조로운 항해를 위한 어떠한 필요 수단이나 장비도 갖추고 있지 않았다.

네 번째는 과업 준비에 필요한 선박이나 장비, 식량, 군수품 등은 돈으로 구입해 해결한다 하더라도 이들에게 주어진 기한이 너무나 촉박하고 짧았다.

이러한 어려움으로 모든 상황에 극도로 절망한 나머지 이들은 가신이나 가족과 이야기하면서 "어차피 죽을 목숨이라면 낯선 왕국이나 외국 땅에서 그렇게 수많은 고난과 어려움을 겪을 바에야 차라리 일본에서 자살하는 편이 더 낫다"라는 말을 하기도 했다.

그러나 모든 제후와 영주들이 관백에 대해서 (지니고)[3] 있던 묘한 존경심이나 과도한 두려움과 경외심은 매우 이상하고 믿을 수 없는 영향을 끼치고 있어서 어느 누구도 관백의 의견이나 결정에 대해 자신이 직접 나서거나 제3자를 통해서거나 또는 서면으로라도 그에게 반대 의사를 보일 용기나 자유를 표시하는 자가 없었다. 오히려 그의 앞에서는 그처럼 숭고하고 합당하며 시의 적절한 과업을 수행하는 것이 탁월한 공적이자 훌륭한 업적이며 그 자체로서 영원히 기억에 남을 만한 값어치가 있다고 하는 등 온갖 말로 관백의 결의를 찬양했다.

관백은 이들 모두의 기질을 대단히 잘 알고 있었기 때문에 많은 이에게 호의와 관대함을 보이는 한편 가끔은 함부로 발사된 총잡을 수 없는 탄환처럼 엄청난 공포로 가득 찬 위협이나 협박을 퍼부었다. 그리고 누군가가 그의 결정에 대해 반대하는 무모한 행동이 발각이라도 된다면 (관백에 의해)[4] 의심의 여지없이 그 즉시 사멸되고 소유하고 있는 영토가 파괴될 것이라고 했다. 일본의 제후들은 서로 신뢰하는 일도 드물어 모반을 일으키려고 감히 두 사람이 결탁하는 일은 없었다. 왜냐하면 함께 결속하기로 한 상대를 오히려 밀고함으로써 자신의 충성심을 입증하는 한편 자기가 소유하고 있는 영토와 재산을 상대자가 가로챌 수 있다는 사실에 두려워하고 있었기 때문이었다. 바로 이러한 이유들로 자신들이 희망하는 바를 이루는 동시에 앞에서 언급한 어려움들을 극복할 방법이 없다는 것을 깨닫고는 (대단히 고뇌하고 비통해 하면서도)[5] 더 이상 어찌할 도리가 없는 상황이었다.

일본 전역에 (중국 정복 과업에 대한)[6] 포고령이 공포된 이후 사람들은 전에 없이 부지런하고 영악하게 성의를 다해 노력했다. 사람들은 선박을 새로 만들었으며, 멀리 떨어진 여러 지역에 가서 선박을 주문하기도 하고 식량과 군수품을 준비했으며 원정 준비를 위해 보유하고 있는 재산과 토지를 처분했다. 아내의 눈물, 자식들과 가족의 포기 등 이처럼 감당하기 어렵고 가슴 아픈 이별에서 오는 뼈에 사무치는 고통을 그대로 설명할 수 있는 어떠한 말도 없음에는 틀림이 없는 것 같았다.

관백은 이들의 의지를 고취시키고자 "나는 일본 왕정, 즉 천하의 군주이면서 그렇게 많은 쾌락과 부와 번영에 둘러싸여 있지만 그럼에도 이토록 명예롭고 전 세계로부터 명성과 경탄을 불러일으킬 만한 과업을 이루고자 자진해 모든 것을 버리고자 한다. 따라서 이와 같은 목적과 항해를 따르는 것은 그렇게 큰일이 아니다. 설령 죽는다고 할지라도 세상이 그렇게 선망하는 이 과업을 용기를 갖고 수행했기 때문에 영원히 기억에 남을 뿐만 아니라 숭배의 대상이 될 것이다. 또한 기대한 것처럼 일이 성공적으로 진행돼 살아남게 된다면 정복한 왕국에서 획득한 새롭고 마음에 드는 영국領國과 녹祿과 영지를 그대들에게 하사해 매우 즐겁고 기쁘게 여생을 보낼 수 있도록 해주겠다"고 말했다. 관백은 "내 아들7이 부활이라도 해서 내 발밑에 엎드려 부모의 자애를 생각해 이 모험을 포기하라도 눈물을 흘리며 요청한다 할지라도 절대 그리 되지는 않으리란 사실을 분명히 알아야 한다"고 덧붙였다.

본래 일본인들은 넓은 바다와 파도의 격렬함에 견딜 수 있는 강력하며 크고 튼튼한 선박을 가지고 있지 않았으며 대규모 병력이 타고 건너갈 수 있는 선박은 아직 수적으로 적었다. 따라서 그들은 가능한 한 가장 짧은 항로를 통해 이 과업을 수행하기로 결정했다. 그리고 관백은 "일본 가까이에는 중국과 국경을 접한 조선이라 불리는 왕국이 있는데 먼저 이 왕국을 무력으로 정복해 일본 제국에 예속시킨 뒤 중국을 정복하는 데 필요한 군수품과 식량을 조선 땅에서 보급한다면 (그들이 말하는 바대로)[8] 일거양득일 것"이라는 정보를 들었다.

히라도(平戶)항으로부터 북쪽으로 우리 식으로 30레구아[9]가량 떨어진 곳에는 쓰시마(對馬)라고 불리는 섬이 하나 있고 일본인들이 거주하고 있다. 이 섬은 일본에서 유일하게 조선인과 무역을 하고 있으며, 매년 이 쓰시마에서 30명[10]의 상인들이 교역을 위해 조선의 주요 도시로 향한다. 그러나 조선인들은 이들이 계획된 여정에서 벗어나 다른 지역에 다니며 유람하는 것을 허락하지 않는다. 그리고 조선에서는 매년 이 쓰시마의 영주에게 일종의 공물로서 쌀 1만 섬을 바친다. 야카타(屋形)[11]는 일본인으로서 관백에 종속돼 있기 때문에 관백과 밀접한 관계를 유지하고 호의를 구하려고 마리아라고 불리는 아고스티뉴 쓰노카미[12]의 딸을 아내로 맞이하기로 결정했다. 마리아는 작년에 가톨릭교도 남녀 하인들을 데리고 그곳(쓰시마)[13]으로 갔다. 야카타가 관백을 예방하고자 교토로 가게 됐을 때 독실한 가톨릭교도인 마리아는 남편과 작별인사를 나누면서 "때마침 교토에는 순찰사[14]가 사절단과 함께 머무르고 있으며, 그의 곁에는 당신에게 설교를 해 줄 수 있는 수사들이 있으니 무슨 일이 있어도 이번에 반드시 가톨릭교도가 되어 돌아오십시오"라고 당부했다. 아내를 깊이 사랑하고 있는 야카타는 아내의 당부를 실천하기 위해 우리 가톨릭에 대한 추방과 박해가 계속되고 있는 한 관백의 마음을 거스르게 하여 자신의 영지를 하루아침에 잃는 일이 없도록 매우 은밀하고 신중하게 행동했다.

야카타는 장인인 쓰노카미에게 일본군이 조선에 쉽게 침입하는 방법과 조선 정복에 이용할 수 있는 모든 지식과 수단에 관해 대단히 정확한 정보들을 주었다. 이와 더불어 전쟁에서 선봉장으로 나서겠다고 자청했다.(이 사실은 아고스티뉴가 필자는 알지 못한 종단의 한 수사에게 언급한 내용이다.)[15] 아고스티뉴로부터 이 모든 일에 대해 보고받은 관백은 대단히 흡족해 했다. 관백은 야카타의 부하들과 함께 선두로 나가 다른 모든 군대에 앞서 전진하도록 하는 명예를 아고스티뉴에게 부여하기로 결정했다. 이로 인해 전장에서 이와 유사한 명예를 얻고 싶은 야망을 가지고 있었던 제후들과 영주들은 아고스티뉴를 매우 시기하게 됐다. 또한 이들은 아고스티뉴에 대해 좋지 않은 감정을 품고 있었다. 이토록 어렵고 고된 과업을 모두에게 수행하도록 관백에게 정보를 준 사람이 바로 아고스티뉴였기 때문이었다.

곧바로 관백은 시모(下)[16]에서 군대가 조선으로 가장 쉽게 건너갈 수 있는 항구가 어디인지 물었다. 가신들은 "히젠국(肥前國)에 동 프로타지우[17]의 형인 하타(波多)[18]라고 불리는 이교도 무장의 영토에 나고야라고 불리는 대단히 아름다운 항구가 있다. 히라도(平戶)로부터 약 13레구아 거리에 있는데 수천 척의 선박이 매우 안전하게 출입할 수 있다. 그곳에서 쉽게 조선으로 건너갈 수 있다"고 대답했다.

이러한 이야기가 채 끝나기도 전에 관백은 그 즉시 교토 지역은 물론 먼 내륙 지역 영국領國들의 제후와 영주들에게 황량한 나고야로 집결할 것을 명령했다. 그리고 각자의 부담으로 관백이 기거할 궁전들과 거대한 해자와 저택으로 꾸려진 화려하고 넓은 성채들을 축조하되, 관백이 교토에 지은 것보다 뒤떨어지지 않아야 한다고 지시했다. 여기에서 주목해야 할 사실은 나고야는 불모의 땅이고, 사람이 살기에는 적합하지 않으며, 식량은 물론 축조 공사를 효과적으로 수행하기에 필요한 모든 것이 부족하다는 점이다. 게다가 산지인 데다가 늪지가 많고, 황무지여서 하나에서 열까지 인간의 손길이 필요한 곳이었다. 그러나 관백의 명령은 대단히 위력적이고 엄격하며 효력이 컸기 때문에 이러한 모든 불가능하다거나 믿을 수 없는 일이라는 사실을 까마득히 잊은 듯이 일본의 주요 영주들은 4만~5만 명의 사람들을 데리고 각자 할당된 임무를 수행해 갔다. 많은 사람이 과로와 고통과 격무로 목숨을 잃기는 했지만 불과 수개월 만에 관백이 지시한 장엄한 궁전과 성채들이 매우 훌륭하게 완성됐을 뿐만 아니라 더욱 놀라운 점은 이 짧은 기간에 모두 새로 축조된 하나의 도시가 그곳에 건설된 것이다. 그곳에는 관백이 거느리는 사람들뿐만 아니라 조선으로 건너가려고 자연스럽게 그곳으로 집결한 사람들을 포함해 수많은 사람이 거처하게 됐다.

  이 축조사업에 참여한 제후들은 다투어 남들에게 뒤지지 않으려고 노력했다. 왜냐하면 작업 중 사소한 것이라도 누락이 발생하거나 부주의를 저지르면 공사 감독들로부터 공개적으로 질책당할 뿐 아니라 관백에게 도움이 되지 않고 능력 없는 자로 낙인이 찍혀 추방당하고 재산이 몰수될지도 모른다는 사실에 특히 두려워했기 때문이었다. 이러한 이유로 영주들은 직접 자기 부하들과 함께 매우 멀리 떨어진 숲과 산으로 가서 목재를 가져와 자르고, 관백의 성벽과 성문 벽 축조를 위해 거대한 돌을 옮기기도 했다. 이러한 노력은 관백이 교토로부터 그곳에 도착했을 때 새로 완성된 궁전과 성채뿐 아니라 지름이 1레구아 이상 되는 하나의 새로운 도시를 볼 수 있도록 하기 위해서였다. 사람들은 이와 같은 공사를 수행하면서 견디기 힘든 역경, 고난, 질병, 기아로 아무리 탄식하고 슬퍼할지라도 조선으로 출발할 준비도 해야만 했다. 필수품도 채비하고, 선박과 원정에 필요한 모든 것을 구할 수 있는 허용된 시간은 기껏해야 한 달간 뿐이었다.

  이에 더해 관백은 조선으로 건너갈 때 체류할 수 있는 섬 두 곳에도 자신을 위한 저택과 거처, 식량을 보관할 수 있는 대형 저장소를 지을 것을 명령했다.

  이 두 섬은 히라도(平戶)에 속해 있는 이키노시마(雪の島)와 아고스

티뉴 사위인 야카타 소유의 쓰시마이다. 관백은 이에 앞서 고위 무장들을 이들 섬으로 파견해 각자 부여받은 임무를 수행하도록 지시했다. 이 섬들은 가진 것이 없었고 화려하고 광대한 건축물을 짓는 데 필요한 물자가 부족해 나고야에서만큼이나 어려움이 있었다.

주

1 프로이스는 조선을 코라이 왕국reyno de Coray 또는 코라이Coray로 표기했다.
2 프로이스주.
3 역주.
4 역주.
5 프로이스주.
6 역주.
7 도요토미 쓰루마쓰(豊臣鶴松)를 가리킨다.
8 프로이스주.
9 약 180km. 레구아는 라틴어 leuca에 어원을 두고 있으며, 시대와 지역에 따라 의미상 약간의 차이가 있다. 오늘날 포르투갈에서 1레구아는 약 5km이지만 실제 거리 단위로는 거의 쓰지 않는다. 과거에는 1레구아가 6km 조금 넘는 거리를 의미했다. *Dicionário da Língua Portuguesa Contemporânea*, 2 vols., Academia das Ciências de Lisboa, Verbo, 2001, vol. II, p. 2242.
10 프로이스는 제71장에서 30명이 아닌 300명으로 언급하고 있는데, 300명이 정확한 숫자라고 볼 수 있다.
11 원문 'yacata'. 쓰시마(對馬) 번주인 소 요시토시(宗義智)를 가리킨다.
12 원문 'Agostinho Çunocamidono'. 고니시 유키나가(小西行長)를 가리킨다.

13 역주.
14 원문 'P. Vizitador'. 알렉산드로 발리냐노 Alessandro Valignano(1539-1606)를 가리킨다. 이탈리아 출신인 발리냐노는 1566년 27세 때 예수회에 입단해 사제와 수련장을 거쳐 1574년 예수회 부총장(vice-general) 및 순찰사巡察師Padre Visitador로 임명됐다. 발리냐노는 1579년 7월 25일 처음으로 일본에 도착해 머무는 동안 오다 노부나가(織田信長)를 만났다. 1582년 2월 28일에 규슈의 분고, 아리마 및 오무라 출신 가톨릭교도 영주들로 구성된 덴쇼켄오쇼넨시세쓰(天正遣歐少年使節)와 함께 나가사키를 출발하였다. 일본 사절단을 로마로 파견해 일본 내에 가톨릭을 보급시키고 유럽 문명을 알리는데 크게 공헌했다. 그러나 본인은 이들과 함께 가지 않고 인도 고아에 머무르다가 1590년 7월 유럽 순방을 마치고 돌아오는 사절단과 합류해 일본으로 돌아와 1592년 10월까지 머물렀다. 1591년 3월 도요토미 히데요시를 만나 1587년의 예수회 신부 추방령 철회를 위해 노력했으나 성과를 거두지 못했다. 이후 마카오와 고아에 체류했으며 1598년 8월부터 1603년 1월까지 세 번째이자 마지막으로 일본을 방문했다. 마카오에서 병사했다. Charles Ralph Boxer, *The Christian Century in Japan, 1549-1650*, Manchester, Carcanet, 1993, pp. 72-73.
15 리스본 아주다 도서관Biblioteca da Ajuda에 소장된 또 다른 『일본사』 필사본에는 이 문장이 빠져 있다.
16 원문 'Ximo'. 규슈(九州) 지방을 가리킨다.
17 원문 'Dom Protazio'. 아리마 하루노부(有馬晴信)를 가리킨다. 라틴어 dominus에서 발생한 포르투갈어 동(Dom)은 중세 시대 왕이나 왕자, 고위 성직자, 귀족 등 이름 앞에 붙이는 존칭이다. 일반적으로는 약어 D.를 사용했다.
18 원문 'Fatadono'. 아리마 하루노부(有馬晴信)의 도도마루(藤童丸) 하타 지가시(波多親)를 가리킨다. 국립진주박물관, 『임진왜란과 도요토미 히데요시』, 서울, 도서출판 부키, 2003, 179쪽.(이후부터 국립진주박물관본이라 칭함)

제70장 **43**

제 71 장

조선에 대한 설명과 아고스티뉴가 그의 군대와 함께 어떻게 조선으로 출발했는가에 대해

앞으로 이야기하게 될 조선 정복으로 야기된 영향을 더 잘 이해하려면 무엇보다도 먼저 관백이 직접 입수한 정보와 땅의 지명과 설명이 적힌 지도에 근거해 그 나라의 특징과 사람들에 대해 알아야 할 필요가 있을 것이다.

조선은 뚜렷하게 여덟 개의 지방으로 나뉘어져 있다. 이들은 색깔에 따라 적국赤國, 백국白國, 녹국綠國, 자국紫國과 같은 식으로 불린다.[1] 일본인들은 이 왕국 또는 지방들을 저자[2]가 말한 이러한 색깔들로 구분하는데, 이것은 이 지역들의 실제 명칭이 아니라 단지 그들이 받은 지

도에 조선의 지방들이 이러한 색깔로 칠해져 있었기 때문이다.

조선은 히라도(平戶)로부터 북쪽으로 80레구아 떨어진 거리에 있고, 첫 해안 지역들은 북위 35도 상에 있다. 일본식 거리 측정법에 따르면 남북의 길이는 250레구아로 우리 포르투갈식으로 계산하면 (   )³레구아에 해당하고, 동서의 폭은 90레구아 또는 그 이상이다. 조선은 서너 나라와 국경을 접하고 있다. 먼저 서쪽으로는 중국과 인접해 있으며, 조공국으로서 매년 공물을 바친다. 북쪽과 북동쪽으로는 타타르⁴ 및 오랑캐⁵와 인접해 있다. 이 지역은 일본의 북쪽까지 길게 펼쳐진 띠 모양을 하고 있고 에조(蝦夷) 섬⁶ 위쪽에서 북쪽을 향해 뻗쳐 있다. 조선인들은 이들과도 교역을 한다. 이와 같이 국경을 접하고 있는 조선인들은 타타르인이나 오랑캐들과 자주 전쟁을 치르면서 잘 이겨낸다. 수년 전에 오랑캐들은 타타르인을 비롯해 조선인들이 '이시모쿠'⁷라고 부르는 나라와 동맹을 맺었다. '이시모쿠'란 해도 달도 뜨지 않는 곳에 사는 사람을 뜻하는데 북방 민족을 가리키는 것으로 보인다. 이 세 나라가 연합해 조선에 쳐들어와 야전野戰을 벌였는데 조선인들은 이 전쟁에서 대단히 애를 먹긴 했지만 결코 정복되지 않았다.

조선의 남쪽으로는 큰 섬이 하나 있다. 그렇게 멀리 떨어져 있는 것 같지 않지만 바다로 약 50레구아 정도 거리에 있다고 한다. 이 섬은 구름도 뚫고 지나갈 정도의 참으로 높은 산이 있기로 유명하다. 이름은 코라이산[8]이라고 한다.

이 나라는 풍요해 쌀과 밀이 많이 난다. 과일로는 배와 호두, 무화과, 밤, 사과, 잣이 있으며 무한량의 꿀, 약간의 비단, 많은 면화와 마(麻)가 난다. 금광이나 은광은 부족하다고 한다. 말과 소가 많고 양종(良種)의 조랑말과 나귀가 있다. 전 국토에 걸쳐서는 수많은 호랑이가 서식하며 이외 많은 동물이 있다.

그들이 만드는 수공예품은 완벽하고 마무리를 잘해 솜씨가 좋음을 보여준다.

사람들은 살갗이 희고 활기차며, 대식가이고 힘이 아주 좋다. 터키 것만큼 작은 활과 화살에 매우 능숙한데, (소문에 따르면)[9] 독을 바른 화살을 사용한다고 한다. 그들의 선박들은 크고 견고하며 상단이 덮여 있다. 화약통과 화기를 사용하고, 쇠로 된 사석포(射石砲)와 비슷한 것이 있는데 탄환을 사용하지 않고 대신 사람 넓적다리 굵기의 나무 화살에 물고기 꼬리처럼 갈라진 쇳조각을 붙여 사용한다. 이것은 부딪치는 것이라면 모두 절단하기 때문에 아주 위력적인 무기다. 이밖의 무기들은 별 위력이 없다. 특히 칼은 길이가 짧고 수명이 길지 않다. 그리고 총상(銃床)[10]이 없는 소총을 사용한다고 한다.

중국에 공물을 바치고 있음에도 중국인들은 조선인들을 두려워한다. 조선의 왕은 가장 중요한 지방의 주요 도시에서 대단히 큰 궁전을 가지고 있다. 바로 그곳에 왕정과 수많은 가신이 있다. 많은 집이 기와로 덮여 있으며 일부는 짚으로 덮여 있는데 그다지 청결하지가 못하다. 그러나 신분이 높은 사람이나 부자들은 집에 매우 훌륭하고 광택이 나는 돗자리를 깔고 생활한다. 매우 가는 짚으로 만든 돗자리에는 정교한 장식이 달려 있는데 일본인이나 일본에 오는 포르투갈인들이 높게 평가하고 있다.

조선의 북쪽은 대단히 춥다. 추위를 막으려고 난로를 사용한다. 강은 얼어붙는데 얼음은 매우 두껍다.

국왕은 토지로부터 생산되는 모든 것을 거둬들이고, 나중에 농민들에게 생계를 위해 식량을 나누어 준다.

내륙으로는 성이 몇 군데 있는데 방비가 잘돼 있지가 않다. 일본과 인접해 있는 해안 지역의 성만이 제대로 방비됐으며 이곳에 모든 군수품을 비축해 놓았다.

조선인들은 매년 교역을 하러 오는 300명"의 일본인을 제외하고는 어떠한 경우에도 외국인이 자국 내에서 교역하는 것을 허락하지 않는다는 원칙을 세워 놓고 있다. 그래서 일본을 향해 오던 우리의 범선이나 선박이 바람이나 조류로 말미암아 방향을 잃고 항로를 벗어나 이들의 항구에 접근이라도 하게 되면 그들은 곧바로 수많은 무장 선박을 출동시켜 공격하면서 어떠한 이유나 변명도 절대 받아들이지 않고 그들의 항구와 땅으로부터 완전히 내쫓았다.

조선은 중국에서 사용하는 똑같은 문자와 종교, 인륜을 대단히 중요하게 여긴다. (언어는)[12] 일인칭, 이인칭, 삼인칭과 접속법이 있으며 발음은 중국어보다 더 쉽다. 평민 대부분이 사용하는 일반적인 말 이외에도 학자나 궁정의 귀인들이 쓰는 매우 세련되고 고급스러운 말이 있다.

종교는 일본과 같다. 이들은 석가모니와 아미타불을 숭배한다.

수량이 많은 강이 있는데, 이 중 하나는 하구 폭이 10레구아나 된다.[13] 조선과 중국이 인접해 있는 지역에는 통과하기가 매우 어려운 넓은 모래사막이 있다고 한다.

조선으로부터 쓰시마를 거쳐 일본으로 가장 많이 들어오는 물품 중 하나로 크고 매우 아름다운 호랑이 가죽이 있는데 조선인들은 말을 타고 창과 활, 화살로 사냥을 한다.

조선인들의 의복에는 중국인의 것과 마찬가지로 길고 매우 넓은 (그리고 길며 단이 많은)[14] 소매가 달려 있다. 나가사키에서 우리는 조선에서 들어온 몇 벌의 흰 옷에서 믿을 수 없을 만큼 대단히 세밀하고 섬세한 바느질이 돼 있음을 보게 됐다. 의복의 몇 곳은 단순히 붙였는지 실과 바늘로 꿰맨 것인지를 식별하려면 매우 좋고 밝은 시력이 필요할 정도였다.

이상이 여러 차례에 걸쳐 조선을 방문한 사람들로부터 관백의 궁정이 입수한 정보의 대략적인 내용이다.

작년 91년[15]에 조선 국왕은 쓰시마의 야카타[16]의 간청과 설득으로 200명의 수행원을 거느린 두 명의 사절을 관백에게 파견했다. 이 사절단은 일본인들에게 그다지 빛을 발하지 못했다. 그러나 관백은 이들을 매우 따뜻하고 정중하며 명예롭게 대접했다. 그 뒤 관백은 조선 국왕에게 다시 새로운 전갈을 보내어, 그가 중국을 정복하기로 했는데 이를 위해 조선을 통과할 수 있도록 간청했다. 이에 조선 국왕은 "예부터 자신과 선조(先祖)들은 중국 황제와 우호적인 관계와 우의로서 연합해 왔으며, 중국의 조공국이다. 그래서 어떠한 일에도 그처럼 당치도 않은 행위와 배신을 할 수 없으니 길을 내주는 일에 동의할 수 없다"라고 답해 왔다. 관백은 이에 기분 상한 나머지 이러한 답신을 빌미로 즉시 치열한 전쟁을 통해 중국으로의 길문을 트기로 결정했다.

관백의 명령에 따라 히고국(肥後國)[17]의 반을 차지하고 있는 아고스티뉴 쓰노카미가 즉시 원정을 위한 전쟁 준비를 시작했다. 그의 깃발 아래 데려간 사람들은 모두 시모(下) 지방의 가톨릭교도 영주였다. 이들 중 아리마(有馬) 영주인 동 프로타지우[18]는 모든 높은 신분의 귀족 중에서 가장 빛나 보였고, 전쟁에 관해서는 가장 정확하고 주도면밀했기 때문에 모든 종류의 무기와 장비에서도 틀림이 없었다. 동 바르

제71장

톨로메우[19] 영주의 아들인 오무라(大村)의 동 산슈[20], 이교도인 히라도(平戶) 영주 히쇼(肥州)[21]를 동반한 히라도의 동 제로니무[22]와 그의 형제들, 아마쿠사(天草) 영주인 동 주앙[23], 히고(肥後)에 있는 다른 많은 무장과 함께 온 오야노(大矢野) 영주인 동 주앙[24]과 고쓰우라(上津浦) 영주, 시자키(志崎) 성의 영주인 비센테 베에몬[25]과 아고스티뉴의 사위인 쓰시마의 야카타 등이다. 아고스티뉴는 나중에 쓰시마에 도착한 다른 선박들을 포함해 700척 이상의 크고 작은 선박을 거느리고 갔다. 또한 일본 각지에서 군대가 보다 신속하게 출발하도록 하려는 의도에서 스스로 선발로 나섰으며, 자신의 딸이 야카타와 결혼해 살고 있는 쓰시마에서 뒤따라 올 나머지 군대를 기다리기로 하였다.

    자신의 영지에 신부들이 있던 가톨릭교도들은 가능한 한 고해하고 성체를 모시면서 이번 원정에 대한 준비를 잘하려고 노력했다. 이들 모두는 신부를 직접 찾아가거나 편지로 자신들의 희생하게 됨을 하느님께 기도드리고, 두고 가는 처자식과 가족 및 친척들이 버림을 받음을 기억하시어 보살핌을 달라고 간곡히 요청했다.

주

1 쓰시마 번주인 소 요시토시(宗義智)가 바친 조선 지도를 임진왜란 발발 즈음에 도요토미 히데요시가 여러 색깔로 칠해 여러 영주에게 나누어 주었다고 한다. 이 중 경상도는 백색, 전라도는 적색, 충청과 경기도는 청색, 평안도와 강원도는 황색, 함경도는 흑색으로 칠했다. 도요토미 히데요시는 전라도를 적국, 경상도를 백국, 충청도과 경기도를 청국으로 칭했다. 국립진주박물관 본, 184쪽 참조.
2 프로이스 자신을 가리킨다.
3 프로이스는 공란으로 남겨 놓았다. 일본식으로 3레구아(12km)는 포르투갈식으로 약 2레구아이다. 따라서 공란에 들어갈 숫자는 166이며, 이는 약 996km에 해당한다.
4 원문 'tártaros'. 북아시아의 몽골고원에서 동유럽의 리투아니아에 이르는 광범위한 지역에 걸쳐 활동한 몽골계 및 퉁구스계의 여러 민족을 가리키는 용어다. 이 명칭이 적용되는 시대와 장소에 따라 타타르라고 부르는 민족의 실태도 다양하고 상이하다. 현재는 러시아연방 내 볼가강 중앙 부근에 거주하는 타타르인과 우크라이나령 크리미아자치공화국에 거주하는 크리미아-타타르인 등이 스스로 타타르 족으로 칭한다. 달단韃靼이라고도 한다.
5 원문 'orancais'. 만주 북부의 부족인 오랑캐를 가리킨다.
6 원문 'Yezos'. 일본 열도의 북동방과 북방에 살고 있으며 일본인에 의해 이민족으로 간주되고 있는 사람들에 대한 호칭이다. 시대에 따라서 범위가 변화하고 있는데, 근대 에조(蝦夷)는 아이누인을 가리킨다. 에조 섬은 홋카이도를 칭한다.
7 원문 'Yximoqù'.
8 원문 'Córaysan'. 프로이스가 사용한 이 단어는 많은 의문을 제기하고 있다. 프로이스는 조선을 일관되게 코라이Coray로 칭하고 있다. 이 명칭에 산san이라는 언어를 추가해 특정지명을 칭한 것이다. 이 단어가 사용된 전후 문맥으로 보아 Córaysan은 제주도의 한라산을 칭하는 것으로 보인다. 의문은 어떻게 프로이스가 우리식의 발음을 이해하게 됐는가 하는 점이다. 한편 중앙공론사에서 출판한 일본어 번역본에는 Córaysan을 한라산이 아니라 한반도 남쪽의 가야지방(加羅伊島)으로 해석하고 있다.
9 프로이스주.
10 몇 자루의 총이나 크로스보의 조준을 안정시킴과 동시에 발사 시 반동을 억지하도록 어깨에 대는 부품을 가리킨다. 통상적으로 개머리판이라고 할 수 있다.
11 프로이스는 제70장에서 30명으로 잘못 언급한 바 있다.
12 역주.

13 10레구아는 50km가 되는 거리다. 일본식으로 계산하면 적어도 40km 정도인데 과장된 숫자로 보인다. 프로이스의 필사본을 연구한 주제 위키는 아마도 한강漢江일 것이라고 언급했으나 확실하지는 않다. Luís Fróis, S.J., José WICKI S.J. (ed.), Historia de Japam, Lisboa, Biblioteca Nacional, 1976-1984, vol. 5, 546쪽 참조.

14 프로이스주.

15 1591년.

16 쓰시마(對馬) 번주인 소 요시토시(宗義智)를 가리킨다.

17 현재의 구마모토현(熊本縣)을 가리킨다.

18 아리마 하루노부(有馬晴信)를 가리킨다.

19 원문 'Dom Bartholomeu'. 오무라 스미타다(大村純忠)를 가리킨다.

20 원문 'Dom Sancho'. 오무라 요시아키(大村喜前)를 가리킨다.

21 원문 'Fixo'. 마쓰라 시게노부(松浦鎭信)를 가리킨다.

22 원문 'Dom Geronimo'. 고테다 자에몬 야스가즈(籠手田左衛門安一)를 가리킨다.

23 원문 'Dom João'. 히사타네(久種)를 가리킨다.

24 원문 'Dom João'.

25 원문 'Vicente Feiyemondono'. 히비야 효우에몬(日比屋兵右衛門), 즉 비센테 베에몬을 가리킨다.

제72장

아고스티뉴가 어떻게 조선으로 출발해서 곧바로 일부 성을 공격했는가와 매우 용감하게 무력으로 정복함으로써 그곳에서 획득한 명예에 대해

　아고스티뉴는 1만 5,000명 이상의 전투 병력을 가진 군대를 거느리고 쓰시마를 출발했다. 조선인은 일본인을 두려워했기 때문에 이미 언급한 것처럼 이러한 국경지대에 최대한의 방비를 해두었다. 일본군이 수일 내 조선에 도착해 처음으로 공격한 해안에 있는 성은 부산포釜山浦[1]라 불리는 곳이었다. 그곳에는 주변 마을에서 소집한 평민들을 제외하고 겨우 600명의 전투 병력이 있을 뿐이었다. 진로에는 마름쇠[2]를 잔뜩 설치해 놓았다. 성 안에는 1,000개 이상의 동으로 만든 사석포가 있었다. 사석포의 일부는 무쇠 탄환이나 길이가 두 뼘 반 정도인 활을

넣어 발사하는데 소총과 같은 소리를 냈다. 병사들은 튼튼한 가죽 갑옷을 착용했고 우리의 모자와 같은 철모를 쓰고 있었다. 모자는 강철 또는 무쇠로 만든 것이었다. 또한 개머리판 없는 소총과 수없이 많은 화살 및 터키식 활을 사용했다.

그 해 음력 4월 12일[3] 아고스티뉴는 곧바로 성 주변에 있는 모든 것을 불태우라고 명령했으며 성 안에 있는 장수[4]에게 목숨은 살려줄 테니 항복하라는 전갈을 보냈다. 성 안에 있는 병사들은 그 전갈에 대해 비웃으면서, 먼저 조선 국왕에게 사람을 보내 그렇게 해도 되는지 물어 볼 테니 기다리라고 거짓으로 답했다. 아고스티뉴 역시 답신을 기다리는 척하면서 밤새도록 최대한의 경계와 주의를 기울이면서 다음 날 그들을 공격하고자 자신의 군대를 준비시키는 일에만 집중했다. 일본군은 실제 다음날 새벽 3~4시에 공격을 감행했다. 성 안에 있는 조선군은 매우 용감하고 과감하게 저항했으며 전투는 3시간 가까이 지속됐다. 해자에는 모두 마름쇠가 부설됐거나 사람 키 정도의 물이 차 있었기 때문에 일본군은 수없이 설치돼 있는 마름쇠에 발을 찔리지 않도록 해자 위에 널판을 놓아 건너는 방법으로 성에 도착했다.

일본군이 전력을 다해 성벽을 타고 침입해 들어오는 것을 본 조선인들 중 성벽 윗부분에 있는 일부는 일본군을 저지하기 위해 해자로 뛰어들었다. 성 안에서는 두 번에 걸쳐 전투가 벌어졌으며 양측은 모두 전력을 다해 싸웠다. 훌륭한 장수이자 국왕에 대한 충성심이 대단히 높은 조선군 거의 모두는 목숨이 다할 때까지 싸웠고, 오직 소수만이 살아남아 포로가 되었다. 조선군 중 가장 먼저 전사한 이는 그들의 총대장이었다.

성 안에는 약 300채의 가옥이 있었다. 지체와 신분이 높은 여인들은 일본 병사들의 손아귀에서 벗어날 수 있도록 자신들의 고운 용모를 감추려고 했다. 이 여인들은 얼굴에 솥과 냄비의 검댕을 바르거나 천하고 남루한 옷을 입음으로써 자신들의 신분을 감췄다. 또 전혀 예기치 못한 자들과 직면해 하늘을 바라보며 비명과 고함을 지르며 눈물범벅이 되기도 했다. 이 모든 것은 바로 조선의 여인들이 정숙하고 곧으며 조심성 있기로 유명하기 때문이었다. 신분이 높고 용모가 단정한 남녀 아이들은 어머니가 가르쳐 준 대로 절름발이인 척하면서 다리를 절며 걷거나 태어날 때부터 그런 것처럼 입을 비뚤어지게 했다. 그러나 속임수라는 것을 곧 알아차린 일본군은 자신들의 시중을 들게 하려고 이 아이들을 포로로 잡았다.

일본군은 부상자들을 치료하고 식량을 적절히 분배하려고 그곳에 주둔했다. 아고스티뉴는 매우 신중하게 모든 것을 정비한 뒤 다음날 그곳을 출발했다.

음력 4월 14일에 일본군은 조선에 있는 다른 모든 성보다 공략하기 유리해 보이고 훨씬 더 훌륭한 성으로 출발했다. 바로 동래東萊[5]라고 불리는 성으로, 첫 번째 부산포성으로부터 내륙으로 3레구아 떨어져 있다. 조선군은 그곳을 최대 방어 기지로 여기고 재원을 최대한 투입했다.

2만 명의 병사가 집결해 있는 동래성은 부산포성이 일본군의 기묘한 조총의 위력으로 막대한 손해를 본 뒤 점령당했다는 소식을 접하고는 곧바로 방어 준비에 들어갔다. 그들은 손가락 두 개 반 두께의 널빤지를 연결해 장방패長防牌를 만들었으나 조총의 위력을 견뎌낼 수가 없었다. 그리고 성은 돌로 높게 쌓고 매우 견고하게 축조했기 때문에 일본군은 성에 침투하는 데 어려움이 있었지만 수많은 긴 사다리를 만들어 성벽을 오르는 데 성공했다.

군복을 운반해 온 함대의 수군과 병사들, 아고스티뉴 군보다 하루 늦게 출발한 병사들이 아고스티뉴 군에 합세해 전투를 도왔다. 이 병력은 3만 명 가까이 됐다. 한편 수군과 하급 병사들은 싸우려는 결의가 약한 것이 아니었지만 굳이 싸우려고 하지 않았으며 빈곤의 고통으로부터 벗어나려고 전리품을 약탈하거나 닥치는 대로 도적질하는 데에만 신경을 썼다.

아고스티뉴는 이날 저녁 무렵에 성을 공격했다. 일본군 병사들은 여러 방향에서 사다리를 이용해 과감하게 성벽을 기어 올라갔다. 성벽 위의 저항은 매우 격렬했다. 쏘아대는 화살은 마치 일본 병사들 위에서 비가 돼 내리는 것 같이 많았으며 집의 기왓장도 사방에서 날아들었다. 성 한쪽에서는 조선인들이 매우 용감하게 싸워 일본군을 압도해 많은 일본군에게 부상으로 후퇴하게 했다. 일본군은 계책을 쓰기로 했다. 그들은 보통 등 뒤의 허리춤에 꽂고 다니는 깃발을 아주 긴 대나무에 매달아 한 손에 들고 사다리를 올라감으로써 조선 궁수들의 시야를 가리게 했다. 마침내 성 진입에 성공한 일본군과 조선군 양측 모두 거의 두 시간에 걸쳐 용감하게 전투를 했다. 그러나 조선군은 맹렬하게 공격해 오는 일본군 칼의 위력을 견디지 못하고 결국 패배했다. 조선군은 약 5,000명이 전사했고 일본군은 성 두 곳에서 벌어진 전투에서 거의 100명이 전사하고 400명 이상이 부상했다.

이 전투에서 동래성의 장수가 전사했다.[6] 그는 몇 개월 전에 조선 국왕의 조카딸과 결혼했는데, 그의 부인은 23살가량으로 남편의 유해 위에 몸을 던져 대성통곡했다. 이 여인은 포로로 관백에게 보내졌다. 그녀는 일본으로 가는 도중 매우 거세게 저항했으며, 관백의 앞에서 너무나도 심하게 통곡을 해 관백은 이러한 그녀를 불쌍히 여기고 조선으로 돌려보냈다.

이 성에는 열여섯 개의 아주 큰 창고가 있었다. 쌀, 밀, 말의 사료로 주는 곡물, 활, 화살, 6문의 대포, 수많은 불화살, 화약통과 이 밖에 다른 많은 물자가 창고 꼭대기까지 가득 차 있었다. 이 지역에는 말과 소도 수를 셀 수 없을 정도로 많았다. (일본군 측은)[7] 부상자를 치료하고 병사들이 쉬도록 그곳에서 이틀간 체류했다.

아고스티뉴는 그곳에서 자신의 군대를 이끌고 다섯 군데 성을 향해 진군했다. 양산, 밀양, 청도, 대구, 경주라고 불리는 이들 성에는 수비병들이 배치돼 있었다. 이미 다른 두 곳의 주요 성이 함락됐다는 소식을 접한 수비병들은 일본군을 대적하기에는 소용이 없다고 생각했는지 더 이상 기다리지 않고 성을 텅 비워 둔 채 도망갔다.

이런 식으로 일곱 곳의 성을 점령한 뒤 아고스티뉴는 관백에게 자기가 거둔 대승과 그때까지 일어난 모든 일에 대해 편지로 자세히 적어 보고했다. 이러한 새 소식을 전해들은 관백의 만족과 기쁨은 이루 말로 표현할 수 없을 정도였다. 이때 관백은 이미 나고야에 새로 지은 성과 궁전에 와 있었다. 그리고 그는 매번 아고스티뉴에 대한 칭찬을 되풀이하면서 여러 이야기를 했다. 이 중 "천하에서 가장 용감하고 대단한 자는 쓰노카미[8]이며 따라서 자신의 아들로 여기겠다"고 하면서 마치 자신의 아들[9]이 그로 환생한 것 같다고 말했다. 또한 관백은 고위 무장들이 아고스티뉴에 대해 품고 있는 악의는 물론 아고스티뉴가 이룬 성공에 대해 매우 시기하고 있으며 뒤에서 불평한다는 것을 잘 알고 있었다. 이 때문에 관백은 "쓰노카미를 비방하는 자가 있다면 벌을 받을 것이다. 또한 그의 가신들과 다투는 자는 누구의 잘못을 따지지도 않고 매우 엄중한 처벌을 받게 될 것이다. 나는 그에게 조선 영토의 반과 일본의 많은 영국領國을 하사할 것이고 그와 동반하는 자들에게는 거액의 녹祿을 지급할 것이다"라면서 이와 유사한 호의와 찬사의 말을 덧붙였다.

아고스티뉴 쓰노카미가 관백에게 보낸 편지의 사본

전하殿下께 이 글을 바쳐 황송하게 생각합니다. 음력 25일과 27일[10] 제가 조선에 도착했음에 대해 전하께 글을 올렸고, 이 나라에 대한 상세한 지도 한 장을 전하께 보내 드렸습니다.

음력 4월 24일[11]인 어제 서울[12]에서 온 군대가 상주라 불리는 성의 전방에 있는 산 위에 포진했습니다. 그 수는 약 2만 명이었으며 이 중 세 명의 고위 장수가 있었습니다. 즉시 이들에 대한 공격을 감행하기로 하고 별 어려움 없이 단시간 만에 승리를 거뒀습니다. 이 전투에서 조선 측 총대장을 포함해 약 1,000명의 병사를 죽였습니다. 곧 날이 저물어 조선 측의 남은 병사들은 울창하고 무성한 산 속으로 도주하는 바람에 그들을 전멸시키지 못한 것이 참으로 애석합니다.

　이 전투에서 수많은 포로를 잡았는데, 이 중에는 일본어를 말하는 역관譯官이 한 명 있었습니다.[13] 그는 조선 국왕의 명을 받고 온 자인데, 조선군의 상황이 불리해지자 이 역관을 파견해 저에게 다음과 같은 전갈을 보내왔습니다. 조선 국왕은 전하께 인질을 보낼 것이고 중국 원정 시 선두에 가면서 길잡이가 되어 일본군을 돕게 하겠다고 했습니다. 전하께서 이전에 제게 말씀하시기를 만약 그들의 국왕이 용서를 구한다면 받아들이라 하셨기에, 저는 몇 가지 사항과 조건을 붙여서 역관을 조선 국왕에게 돌려보냈습니다. 이 역관은 이삼일 안에 매우 중요한 두세 명의 인물과 함께 회답을 받아 돌아올 것이니 기다려 달라고 요청했습니다. 그러나 저는 군대를 이끌고 서울로 접근해 가고 있습니다.

　음력 25일인 오늘 문경[14]이라 불리는 성에 도착했는데 텅 비어 있었습니다. 그래서 그곳으로부터 7레구아 정도 떨어진 충주[15]라고 불리는 다른 성으로 곧장 향했습니다. 조선의 왕실이 있는 서울은 그곳으로부터 20레구아 떨어져 있습니다. 내일 그곳에 도착할 예정이고 저는 이전에 그 역관에게 거기에서 그를 기다리고 있겠다고 말해 뒀습니다.

　서울에 진입해 그곳을 파괴하는 것은 제게 쉬운 일이지만 조선 국왕이 전하께 사절단을 파견했고 이 중국 원정의 길잡이가 되겠다고 자원했기 때문에, 이 두 가지 사항을 특별히 고려해 저는 서울을 구하고자 합니다. 그러나 전하께서 그 어떤 사항도 고려하지 않고 서울을 파괴하라고 명하신다면 저는 그렇게 할 것입니다. 그러나 조금이라도 적절치 않은 일이 발생한다면 그들을 공격할 것이고, 5~6일 안에 서울과 교섭을 마무리해 전하께 보고를 올리겠습니다.

점령한 성에 배치한 수비와 관련해서는 전하의 명령에 따라 항상 이 나라의 중앙으로 나 있는 왕이 다니는 길로 노정을 삼았습니다. 점령한 성에는 필요한 수비병을 배치할 것이고 전하께 각 성의 위치에 대한 설명을 보내 드리겠습니다.

제가 지나는 곳에서는 사람들을 안심시키려고 전하의 서명이 분명히 들어간 증서를 나누어 주고 있습니다. 조선 영주들은 농민들을 매우 가혹하게 대했기 때문에 이제 전하께서 그들을 인정과 관대함으로써 살피기로 하신 것을 본다면 그들은 그로 말미암은 기쁨을 감추지 못할 것입니다.

시모(下)의 9개 영국과 시코쿠(四國)의 4개 영국[16], 모리 영국 등 이미 일본으로부터 많은 병력이 도착했다고 들었습니다. 이들과 만나게 되면 협의를 통해 앞으로 해야 할 일에 대해 빠짐없이 결정하겠습니다.

저는 현재 조선의 국왕으로부터 회신을 기다리고 있습니다. 전하께서는 이곳으로 사람들을 보내시어 거주하도록 할 것을 고려해 주십시오.

주

1 원문 'Fusancay'. 부산포는 일찍부터 일본과 가까운 위치에 있었기 때문에 군사시설을 강화했으며 이에 따라 진鎭도 함께 설치됐다. 조선 세종 때 이곳에 좌도수군도안무처치사左道水軍都按撫處置使 본영을 설치했으며, 후에 수군절도사영으로 개칭됐다. 진에는 동래도호부사東萊都護府使의 지휘를 받는 첨사僉使가 배치됐다. 1907년 부산부釜山府가 설치됨에 따라 동래에서 분리됐으며 왜관倭館과 부산개시釜山開市를 통해 일본과 거래가 왕성했다.
2 삼각형의 쇠로 만든 무기로 적이 성에 접근하지 못하게 하거나, 성벽 아래 접근할 때 마름쇠를 던짐으로써 적을 살상하는 방법도 있다. 김기웅, 「무기와 화약」, 세종대왕기념사업회[편], 『한국의 과학』, 서울, 동방미디어, 2001.
3 양력 1592년 5월 23일.
4 부산첨사 정발鄭撥 장군을 가리킨다.
5 동래성東萊城. 본래 흙과 돌로 축조된 성으로, 1387년(고려 우왕13) 김해부사로 있던 박위朴葳가 왜구의 침략을 막으려고 축성한 것으로 전해진다. 1447년(세종29) 동래현령 김시로金時露가 높이 13척, 둘레 3,090에에 이르는 성으로 개축했으나 임진왜란 때 파괴돼 1731년(영조7) 부사 정언섭鄭彦燮이 다시 확장 보수했다. 이때의 성 둘

레는 1만 7,291척, 높이 17척이었으며 1870년(고종7)에 성벽과 문루門樓도 확장됐다. 임진왜란 때 격전지의 하나인 이 성에서 당시 동래부사 송상현宋象賢의 지휘 아래 군관민이 합심해 왜적에 대항한 끝에 모두 순절했다. 이들을 추모하기 위해 1668년(현종9)에 동래남문비, 1731년(영조7)에 임진전망유해비壬辰戰亡遺骸碑가 각각 세워졌다. 지금은 성의 흔적을 거의 찾아볼 수 없고 성터만 남아 있으며 지방기념물 5호로 지정됐다.

6 동래부사 송상현宋象賢을 가리킨다.
7 역주.
8 고니시 유키나가(小西行長)를 가리킨다.
9 도요토미 쓰루마쓰(豊臣鶴松)를 가리킨다.
10 프로이스는 원문에 구체적인 달을 밝히지 않았다.
11 양력 1592년 6월 4일.
12 프로이스는 일본어로 수도를 뜻하는 Miaco로 표기했다. 여기에서는 조선의 한양漢陽을 가리킨다.
13 역관 경응순景應舜을 가리킨다.
14 원문 'Vuqen'.
15 원문 'Chiguju'. 주제 위키는 이 장소를 죽산(Chiku-zan, Chuk-san)으로 언급하고 있지만 국립진주박물관본은 충주忠州로 표기하고 있다.
16 아와(阿波), 사누키(讚崎), 이요(伊子), 도사(土佐)의 4개 영국領國을 가리킨다.

제73장

쓰노카미가 조선의 서울에 입성할 때까지 일어난 일에 대해

　아고스티뉴는 문경[1]이란 곳에서 충주[2]라 불리는 다른 지역으로 출발했다. 충주에서는 서울로부터 조선 국왕의 항복에 관한 회답을 받아 올 사람들과 만나기로 돼 있었다. 셋으로 나뉘어 행군하던 그의 부대 중 선두에 있던 부대가 도라노스케[3]의 병사들과 마주쳤다. 관백의 심복으로 사악한 이교도[4]인 도라노스케는 히고국(肥後國)의 절반을 차지하고 있는 아고스티뉴의 최고 경쟁자이자 정적이며 이러한 점에서 가톨릭 및 종단 전체의 적이기도 했다. 도라노스케의 병사들은 다른 노선을 통해 왔다. 아고스티뉴 군대의 선봉장은 독실한 가톨릭교도인 사쿠에몬[5]이었는데, 그는 아고스티뉴가 히고국에 소유한 가장 중요한 성의 장수로 아고스티뉴가 매우 아끼고 신임하는 고위 무사였다. 도라노스케가 그를 앞질러 선두로 진군하려고 하자 사쿠에몬은 "아고스티뉴 주군이 조선의 수많은 지역과 성을 점령하고 그토록 많은 적을 물리치는 동안 너희는 한 번도 모습을 드러내지 않고 도망자인 양 어디에서 숨어 있다가 이제야 나타났느냐. 더욱이 아고스티뉴가 관백의 명령에 따라 선봉으로 가는 사실을 모른단 말이냐"라고 거침없이 말하면서 그들을 비방했다. 이 문제를 놓고 언쟁이 높아지면서 양측 부대는 거의 무기를 들고 싸울 태세까지 보였다. 그러나 도라노스케는 속으로 분을 삼키며 자기 부대와 함께 뒤에 남을 수밖에 없었다. 도라노스케는 바로 이전의 큰 강을 건널 때 전체 병력이 이용할 수 있는 배가 부족해 히젠국(肥前國)의 영주[6]와 함께 2,000명밖에 되지 않는 소수 병력만을 거느리고 왔기 때문이었다.

아고스티뉴는 자신의 군대를 거느리고 수량이 매우 풍부한 강[7] 근처에서 역관을 기다리기로 한 충주[8]에 도착했다. 그런데 조선 국왕의 회답 대신 그들을 기다리고 있는 것은 최후의 운명을 시험하고자 서울에서 온 8만 명의 군대였다. 그들 대부분은 조정이 선발한 가장 뛰어난 기마병들로 일본군과 야전(野戰)을 치르도록 훈련받아 보낸 병사들이었다. 병력에서도 일본군을 훨씬 능가할 뿐만 아니라 아고스티뉴의 군대가 그동안의 행군으로 매우 지친 상태였기 때문에 승리는 조선 측에 있는 것 같았다. 그리고 실제로 일본군도 병력에서 큰 차이가 있다는 점을 깨닫고 몹시 당황했다. 아고스티뉴는 용감한 장수답게 후퇴하는 것은 비겁한 짓이고, 적들의 사기를 올려주는 일이며, 도망치는 것과 같은 명백한 패배의 표시라면서 매우 설득력 있는 명분을 들어 자신의 병사들을 격려하고 용기를 불어넣어 주기 시작했다. 또한 자신들은 커다란 명예와 이름을 걸고 지금까지 조선의 수많은 지역을 정복해 왔다면서 조선 국왕이 있는 도시인 그들 수도의 주인이 될 날이 얼마 남지 않았으니 주인 될 그때까지 그동안 승리해 온 모든 것을 잃는 것은 옳지 않으며, 이전까지의 모든 전투에서 그랬던 것처럼 이번 전투에서도 승리의 기쁨과 행복은 자신들의 것이 될 것이라고 말했다.

아고스티뉴는 간략하게 이러한 논리를 폈으며, 병사들은 모두 설득력 있는 그의 훈시로 기운을 되찾았다. 아고스티뉴는 병사들에게 전투태세를 갖추게 하는 한편 조선군이 놀라지 않도록 아무도 절대 깃발을 올리지 말고 명령을 내릴 때까지 깃발을 내려놓고 있으라고 지시했다. 조선군 역시 대열을 정비하면서 달 모양의 전투 대형을 펼치도록 명령했다. 적군이 소수라는 것을 알아차리자 한 명이라도 빠져나가지 못하도록 가운데로 몰아붙이면서 일본군을 에워싸기 시작했다. 포위망이 거의 좁혀졌을 때 갑자기 조선군이 전혀 예상하지 못한 일이 벌어졌다. 일본 병사들이 깃발을 세워 모습을 드러내고 나서 조선군 양쪽 끝을 목표로 매우 사납고 맹렬하게 총격을 가했다. 일본군의 공격에 버틸 수 없게 된 조선군은 잠시 후퇴했다가 한두 번 다시 공격해 왔다. 그러나 일본군이 매우 확고한 의지로 총포뿐만 아니라 대검으로 휘몰아치듯 공격해 들어가자 조선군은 전장을 포기하고 다리에 날개를 단 것처럼 죽어라 도주했다. 도주하던 조선 병사들은 수량이 풍부한 강에 도달했지만 타고 건너갈 배가 없어서 대부분 그 강에서 익사했다. 일본군은 그곳에서 거의 8,000명에 이르는 조선군을 죽였다.

제일 먼저 적군의 목을 벤 자는 아고스티뉴의 동생으로 스무 살도 채 되지 않은 루이스[9]라 불리는 젊은이였다.

전투에 참가한 일부 병사들의 말에 따르면 조선군의 하급 병사 중에 다소 비겁한 자들이 있었으나 상급 병사들은 매우 용감하고 대담했다. 이 루이스란 젊은이가 기마병으로 출전한 조선의 매우 중요한 장수 한 명을 생포했는데, 그에게 살려주겠다고 말하자 그는 자신의 명예가 걸렸다며 풀려나는 것을 결코 원하지 않았다. 일본 병사들이 그의 말을 이해하지 못하자 이 장수는 오직 그의 목을 가리키면서 머리를 자르라는 흉내를 냈다. 결국 일본군은 그의 뜻대로 그의 머리를 베었다.

  일본군이 이 같은 승리를 거두자 이 소식은 20레구아 거리에 있는 서울에까지 곧바로 전해졌다. 음력 5월 초하루[10]에 믿고 있던 군대가 패하자 조선 국왕은 희망을 잃고 자신의 부인, 자식, 친족과 중신들을 거느리고 서울을 떠나면서 시내의 각기 다른 장소에 있던 두 곳의 궁궐과 모든 식량 창고에 불을 지르게 했고 그의 친족들도 그대로 했다. 이들은 중국과 국경 지역으로 피신하면서 중간에 있던 17레구아에 걸친 모든 식량 창고에도 불을 지르도록 명령하였다. 따라서 서울에 남은 백성은 어디에서도 구원받을 곳이 없게 됐다.

  그렇게 아고스티뉴의 군대가 승리를 거두자 그 뒤에서 이 모든 것을 지켜보고 있던 아고스티뉴의 정적 도라노스케는 아고스티뉴 병사들의 분전과 용맹함에 감탄했다고 한다. 도라노스케는 아고스티뉴에게 운이 좋았을 뿐만 아니라 훌륭한 병사들로 승리를 거뒀으므로 부럽다면서 자기 병사들이 적어도 선두 부대의 바로 뒤에 따라가게 해달라고 집요하게 요청했다. 도라노스케는 오직 아고스티뉴의 뒤에서 진군하겠다고 했지만, 아고스티뉴는 서울을 정복함으로써 승리의 명예를 다시 한번 누리고 그 공적으로 관백의 칭찬을 듣고 싶어했다. 어쨌든 도라노스케의 기질을 잘 알고 있는 아고스티뉴는 그러한 요구를 수락하는 것은 병사들을 데리고 선봉에 서라는 관백의 명을 자신이 어기는 일이 될 것이라고 답했다. 아고스티뉴에게서 원하는 바를 얻지 못할 것을 안 숙적 도라노스케는 대신 적어도 서울까지 다른 길로 진군할 수 있도록 길잡이 한 사람을 내어줄 것을 요청했고, 아고스티뉴는 그 요구를 받아주었다.

양군은 아침 무렵에 함께 진군하기로 돼 있었다. 그런데 교활하고 술수로 가득 찬 위선자 도라노스케는 아고스티뉴의 명예와 이름을 최대한 헐뜯고 파멸시키고자 그와 동행한 히젠국(肥前國) 총사령관인 영주 나베시마[11]에게 아무 말도 하지 않은 채 서울 입성에서 선봉 자리를 차지하려고 한밤중을 이용해 비밀리에 먼저 출발했다. 이 사실을 뒤늦게 보고받은 아고스티뉴도 바로 출발했다. 험준한 산과 물이 깊고 알 수 없는 계곡들을 넘어 매우 험하고 까다로운 길들을 지나 서울로부터 겨우 5레구아 떨어진 곳에 도착했을 때, (그는) 몇몇 기마병을 제외한 나머지 병사들과 헤어지게 됐다. 흩어진 병사들은 서울에 도착해서야 불타지 않은 조선의 궁전들에 깃발을 세워 놓은 아고스티뉴를 발견할 수 있었다. 그곳에서 아고스티뉴는 약간의 저항에 부딪혔는데 쇠로 만든 성문이 닫혀 있어 들어갈 수가 없어서 병사들과 함께 성벽을 타고 넘어 들어갔다.

아침에 그의 병사들이 도착하자 도시 전체에 깃발을 세우도록 하고 어느 누구도 조선인에게 절대 해를 끼치지 말 것을 엄격하게 지시했다. 남자와 여자 할 것 없이 그곳에 사는 1,000명이 넘는 사람들이 시원한 물을 비롯해 일본에서 호시이이(乾飯)[12]라 부르는 쌀을 쪄서 말린 밥과 그 밖의 제철 음식을 가지고 성문으로 나와 병사들을 초대했다. 낯설기만 한 수많은 병사와 무장 군인들 사이에서 어떠한 공포나 두려움을 느끼지 않고 안전하게 있었던 것에 감복한 부녀자와 어린 아이, 노인들은 자발적으로 친절하고 진실하게 일본군 병사들에게 손짓까지 하면서 더 필요한 것이 있느냐고 물어가며 먹을 것을 제공했다. 이러한 모습을 보고 일본군들은 감탄했다고 한다.

정오가 돼 도착한 도라노스케는 자기가 계획한 모든 일이 수포로 돌아갔음을 알게 됐으며 내심 아고스티뉴의 민첩성에 놀랐다. 도라노스케는 두 명의 무사를 시켜 아고스티뉴에게 찬사의 전갈을 보내면서 서울에서 머무는 것을 허가해줄 수 있느냐고 물었다. 아고스티뉴는 그렇게 하라고 답했다. 그 뒤 도라노스케는 아홉 차례나 아고스티뉴에게 사람을 보내 두 사람의 이름으로 함께 관백에게 소식을 전하는 것을 허가하겠느냐고 물었다. 그러나 아고스티뉴는 도라노스케 혼자 서울을 정복했더라면 자기를 성문 근처에도 오지 못하게 했을 것이라면서 이를 결코 용납하지 않았다. 또한 아고스티뉴는 조선 왕국의 상황을 천천히 조사해서 관백에게 보고할 것이며 이는 자기 혼자서 쓸 수 있다고 말했다. 그런데 이를 행동에 옮긴 이는 도라노스케였다. 도라노스케는 마치 자기 혼자 서울을 점령한 것처럼 관백에게 보고했다.

아고스티뉴는 조선의 언어를 이해하고, 조선 왕국의 사정에 밝으며, 이번 원정에서 길잡이 역할을 한 쓰시마의 유력 인사의 아들인 곤노스케[13]라는 자를 관백에게 보냈다. 곤노스케는 관백의 환대와 더불어 궁정에 있던 모든 제후로부터 칭찬을 받았다. 관백은 그에게 상등의 의복 한 벌과 값진 단검 한 자루를 하사하고 재물을 넉넉히 주어 부자가 되게 해주겠다고 약속했다. 그리고 허위사실을 보고함으로써 그 밖의 정보 보고 또한 거짓이라고 판단한 관백은 도라노스케를 질책했다.

이때 조선에 와 있는 일본군 병력이 이미 14만여 명에 달했기 때문에 그 많은 병사를 충당하기 위한 식량이 부족했다. 더욱이 그해 조선의 농민들은 겁을 집어먹고 곡식의 씨를 뿌리지 않았으며, 밀은 제때 베지 않아 썩었고, 많은 식량이 조선인에 의해 불태워졌다. 게다가 곤노스케가 일본으로 출발하기 전까지 일본군은 겨우 3개 지방[14]만을 점령했으므로 아직도 점령해야 할 지방이 다섯 곳이나 남아 있었다. 일부 궁핍한 조선인들은 일본인처럼 삭발하고 일본인인 양 가장해 같은 국민을 위협하고 약탈했다.

궁정에 있는 일본인이나 조선에 나가 있는 일본인은 누구나 할 것

없이 조선에서 거둔 승리에 대한 기쁨이 대단히 크고 오히려 지나쳐서 심지어 이 세상에서 자기들의 앞을 가로막을 자는 한 명도 없다고 생각할 정도였다. 관백의 기쁨이란 당연히 이들 모두와 비교할 수 없을 정도로 컸다. 또한 관백이 내심 품은 궁극적인 의도와 주된 목표는 ― 평상시의 행동이나 앞으로 이어질 장章을 통해 알 수 있듯이 ― 모든 제후와 귀족, 저명인사는 물론 장차 자신의 앞길에 걸림돌이 될 수 있는 자들을 일본 땅에서 제거하거나 쫓아낸 뒤 일본의 영국領國을 자기 뜻대로 자신의 가신과 친구와 그가 필요로 하는 이들에게 분배해 주는 것이었다.

도라노스케는 그때까지 자신이 조선에서 이룬 업적이 아주 하찮다는 것을 깨닫고는 이를 회복하고자 앞으로 중국 정복 사업을 계속해 나가겠다고 말했다. 이에 대해 아고스티뉴는 앞으로 계속 나아가게 된다면 그 일은 어느 누구도 아닌 바로 자신이 해야 할 일이라고 답했다. 이토록 중요한 과업이자 매우 멀고 험난한 길에 필요한 군수품과 모든 무기를 준비해야 하는데 그렇게 하지 않은 것은 그야말로 교만이며 경솔한 행동이라고 했다. 이러한 준비 없이는 전군이 도중에 기력을 다해 자포자기한 상태에서 죽을 것이 분명했기 때문이었다. 아고스티뉴는 해상으로 식량을 운송하고 서울 근처에 있는 강[15]을 통해 서쪽으로부터 서울을 포위하는 것이 자기가 세운 계획인데, 이는 서울이 바다와 가까워서 서울 근처의 강에 밀물이 들어오면 바다에서 서울까지 1레구아 거리가 되기 때문이라고 덧붙여 말했다. 마지막으로 이것은 관백이 내린 명령이며, 이 내용은 관백이 자기에게 보낸 답신에도 쓰여 있다고 말했다.

관백은 성들을 점령하고 서울에 입성했다는 소식을 아고스티뉴로부터 듣고 지나칠 정도로 만족해 하고 기뻐한 나머지 마치 정신 나간 사람처럼 보였다. 관백은 곧바로 교토에 거주하는 조카인 새 관백[16] 앞으로 보내는 편지를 받아 적게 했다. 편지는 일본의 관습대로 몇 조목으로 간결하게 썼으나, 아직 전쟁 중인 상황으로 비춰볼 때 그의 계획은 경솔한 데다 시기상조 성격이 짙었다. 편지 내용을 살펴보면 그의 머릿속에 떠오르는 것들을 바로 받아 적게 한 것임을 금방 알 수가 있다. 그 편지를 글자 그대로 옮기면 다음과 같다.

태합太閤(노관백은 지금 이렇게 불린다)[17]이 천하의 주인인 조카에게 음력 5월 18일[18]에 써서 보낸 편지의 번역 사본

이번 중국과의 전쟁을 준비하는 데 너무 서두르지 마라. 따라서 내년 음력 2월 19일에 그곳 교토에서 이곳 시모(下) 지역을 향해 출발하여라.

음력으로 이달 22일에 조선의 수도가 점령돼 나는 조선으로 건너가려고 더욱 서두르고 있다.(이번에는 틀림없이 전 중국을 복종시킬 것이다.)[20] 따라서 너는 관백으로서 시모로 건너오거라.

너는 3만 명의 병사를 거느리고 오너라. 효고兵庫의 도시부터는 배를 타고 바다로 올 것이되 말들만 육지로 보내도록 하여라.

세계를 나누어 가진 세 나라, 즉 일본, 중국, 인도 가운데 나에게 저항할 만한 자는 아무도 없으나, 어쨌든 명예와 명성을 생각해 병사들이 아주 화려하게 하고 오는 것이 필요하니 하급 병사들도 이런 점을 알고 옷차림을 깨끗이 해 오도록 명령을 내려라.

네가 데리고 오는 귀족들 중 가신이 딸린 자에게는 준비할 수 있도록 쌀 6만 섬을 빌려주고, (관백 주위에서 말을 타고 동행하는)[21] 기병대장[22]에게는 4만 섬을 빌려 주어라. 그리고 각자의 신분에 따라 약간의 금을 빌려 주어라.

교토의 내 곡물 창고에 남겨 놓은 쌀에는 손을 대지 말고 내가 너에게 세입으로 준 60만 섬에서 쓰도록 하는데, 그래도 부족하다면 나의 몫에서 네가 필요로 한 만큼 가져가도록 하여라.

금으로 된 칼집과 함께 (일본의 단도인)[23] 1,000자루의 단검[24]과 그 외 다량의 짧은 칼[25]들을 준비하도록 명하되 노정이 멀어 칼을 차고 다니기에 피곤하고 힘이 들면 안 되므로 너무 큰 것으로 하면 안 될 것이다. 단검은 한 자루에 우리 포르투갈 계산으로 (   )[26]인 금 7냥[27], 짧은 칼은 우리 계산으로 (   )[28]인 금 3냥이 들어가야 한다.

또한 금으로 된 칼집과 함께 30자루의 장도長刀[29]와 같은 식으로 창 20자루를 만들도록 명령을 내려라. 그 이상은 더 필요하지 않다.

손잡이가 긴 창은 모두 도금을 하여라. 네가 필요로 한다면 그것들을 사용해도 좋다.

지금 네가 가진 금을 쓰는 것이니 더 필요하게 되면 교토성에 있는 은괴 1만 개를 오사카성[30]에 보내도록 하고, 오사카성에 있는 금괴 중 1,000개를 갖도록 하여라. 그리고 금괴 500개 정도만 필요로 한다면 그 대신 은괴 5,000개를 보내도록 할 것인데, 네가 사용하는 금괴에 대하여 대신 보내는 은괴는 그 10배가 되도록 채워 보내도록 하여라.

다마스코[31]와 자수품, 이 밖에 유사한 것들이 필요하다면 명단을 작성해 나에게 보내라. 그러면 네가 필요로 하는 만큼 보내줄 것이다.

네가 사용할 갑옷은 6벌만 상자에 넣어 가져오도록 명령하여라.

이제 우리가 끌고 온 말들 중 반을 조선으로 보내도록 명할 것이다. 그리고 나머지 말들은 마구를 채워 이곳 나고야에 남겨 놓을 것이니 네가 그곳에서 말을 더 가져오도록 명령할 필요는 없다. 말들을 잘 돌봐줄 것을 내가 사이고[32]에게 명령했다.

(하인과 종자들을 칭하는)[33] 고모노[34]와 와카테[35], 그리고 더 낮은 신분의 시중꾼들을 미리 준비해 두어라.

네 동생 중납언中納言을 이곳으로 오도록 명할 것이므로 이곳으로부터 음력 8월[36] 이전에 전갈이 갈 터이니 준비하여 기다리고 있으라. 그를 조선 또는 나고야에서 나의 자리에 앉게 할 것이다.

미야베노호인(宮部法印)[37]을 불러 조선에 있는 성과 나의 궁전들을 관리하도록 할 것이므로 채비하여 기다리고 있으라고 명령하라.

일본의 천황[38]을 중국 수도인 베이징으로 옮기게 할 것이다. 출발 시기는 내년이 아닌 그 다음 해가 될 것이므로 준비하고 있도록 하여라. 그에게는 베이징 주변의 10개 영국領國을 줄 것이다. 또한 공가公家[39] 전원에게 지금보다 10배의 녹祿을 지급할 것이고, 이밖에도 그들의 역량에 따라 추가로 지급할 것이다.

일본 천황이 중국으로 행차하는 노정은 과거 축전이 있을 때 궁을 나와 행차할 때처럼 화려해야 한다. 또한 노정 중 천황이 머물 숙소는 내가 앞으로 숙박할 장소들과 같은 곳으로 해야 할 것이다. 말과 시중들은 각 영국에서 모두 제공할 것이다.

앞에서 이미 말한 것처럼 너를 중국의 관백으로 임명하겠다.

관백으로 임명되면 너에게 중국 수도 주변에 있는 100개의 영국을 넘겨주도록 하겠다. 일본의 관백 자리에는 야마토의 중납언[40] 또는 비젠의 재상[41] 중에서 내 판단에 더 적합한 자를 임명하겠다.

일본의 천황 자리에는 와카미야(若宮)[42] 또는 하치조궁(八條宮)[43] 을 앉힐 것이다.

조선의 왕으로는 기후의 재상[44]을 임명할 것이고, 그렇게 되면 시모(下)에는 단바(丹波)의 중납언을 두게 될 것이다.

누가 교토와 주라쿠테이(聚樂第) 궁전들과 성을 맡아볼 것인지는 다른 편지로 네게 알리도록 하겠다.

나는 그다지 큰 힘을 들이지 않고 조선과 중국을 정복해 나가고 있다. 두려워할 것은 아무것도 없으므로 시중꾼이나 이외의 사람들이 도망을 치는 일이 있어서는 안 될 것이다. 따라서 내가 모든 영국에 감시를 목적으로 보낸 감독자들을 다시 불러들이도록 명령했고 너와 함께 출전하도록 일러두었다.

덴쇼(天正) 20년 음력 5월 18일

노老관백의 조카인 새 관백은 아직 어린 나이임에도 매우 신중하고 겸허하고 결코 성급하지 않으며 자신의 일에 매우 사려가 깊고 사리 분별이 명확하다. 또한 사려가 깊고 현명한 이들과 교제하는 것을 좋

제73장

아한다. 실로 대단한 환상과 사상누각沙上樓閣과도 같은 내용으로 가득 찬 이 편지를 받아 본 그는 이미 손에 쥐고 있는 확실한 것을 그렇게 불확실하고 의심스러운 것들과 바꾸길 원하지 않았으며, 편지에 대해서는 크게 신경 쓰지 않았다. 그는 일부에 대해 비꼬는 말을 하기도 했지만 백부와의 관계를 좋게 유지하려고 그 일에 대해 가슴 속에 담아둔 말들을 아끼고 자제했다.

노老관백은 또한 그동안 아고스티뉴가 보내온 편지들에 대해 다음과 같은 내용의 답장을 썼다.

"얼마 전에 나는 조선의 군대와 전투를 치르도록 너를 조선으로 보낸 적이 있다. 너는 선봉으로 나서 아주 신속하게 조선에 들어가 그들을 포위해 부산포성을 비롯해 그 뒤 많은 성을 파괴했다. 그리고 이른 시일 안에 전 국토를 석권하고 완전히 평정했다. 이는 무엇과도 비교할 수 없는 업적이며, 나는 이 모든 것을 대단히 기뻐했다. 그러므로 나는 너에게 저명한 산도토시[45]가 만든 장검長劍 한 자루와 갈색 말 한 필을 보낸다. 그리고 네가 나를 위해 이룬 공적에 대해서는 내가 결정한 녹祿을 너에게 바로 지급할 것이나, 정확히 너에게 줄 영국領國이나 그 위치는 지금 말하지 않고 다른 사자使者를 통해 알리도록 하겠다. 이 편지에서 너에게 다 하지 못한 말들에 대해 네 앞으로 편지를 쓰도록 궁중의 세 대신에게 명령해 두었다."

이 편지는 아고스티뉴는 물론 그의 모든 친족에게 있어서는 아주 커다란 호의이며 영광이었다.

주

1 원문 'Muguen'. 제72장에서 언급한 'Vuqen (Bunkei)'을 가리키는 것으로 보인다.
2 원문 'Chigayu'.
3 원문 'Teranosuque'. 가토 기요마사(加藤淸正)를 가리킨다.
4 원문 'gentio'. 이교를 뜻하는 포르투갈 단어는 천주를 믿지 않는 모든 사람을 가리킨다. 따라서 프로이스는 고니시 유키나가(小西行長)가 독실한 가톨릭교도임을 염두에 두고 가토 기요마사(加藤淸正)가 천주 신자가 아님을 강조하고자 이 단어를 사용한 것으로 볼 수 있다.
5 원문 'Sacuyemon'. 고니시 사쿠에몬(小西作右衛門)을 가리킨다.
6 나베시마 나오시게(鍋島直茂)를 가리킨다.
7 탄금대彈琴臺를 가리킨다. 임진왜란 당시 도순변사都巡邊使 신립申砬이 8,000여 명의 군졸을 거느리고 배수진을 쳐 왜장 가토 기요마사(加藤淸正)와 고니시 유키나가(小西行長)의 군대를 맞아 격전을 펼친 전적지이다. 신립은 전세가 불리해 패하게 되자 강에 투신 자살했다.
8 원문 'Chiguja'.
9 원문 'Luiz'.
10 양력 1592년 6월 10일. 프로이스는 조선군의 패전을 음력 5월 초하루로 기록하고 있

으나 실제 충주忠州가 함락된 날짜는 음력 4월 28일이었다. 패전 소식은 바로 다음날인 29일 서울에 전해졌고, 선조는 4월 30일 서울을 떠나 평양平壤으로 몽진했다.

11 원문 'Nabeximadono'. 나베시마 나오시게(鍋島直茂)를 가리킨다.

12 원문 'foxii'. 호시이이(乾飯). 쌀밥을 지은 후에 건조시킨 것으로 예전에는 호시이이(ほしいい) 또는 호시이(ほしい)라고도 불리는 아루파카마이로 보존식량 또는 비상식량을 의미한다.

13 원문 'Gonnosuque'. 누구를 가리키는지 확실히 알 수가 없다.

14 경상도慶尙道, 충청도忠淸道, 경기도京畿道를 가리킨다.

15 한강漢江을 가리킨다.

16 도요토미 히데쓰구(豊臣秀次)를 가리킨다.

17 프로이스주.

18 양력 1592년 6월 27일.

19 음력 2월 1일은 양력으로 1593년 3월 3일이다.

20 프로이스주.

21 프로이스주.

22 원문 'umamavarixus'. 우마마바리슈스(馬回り衆). 관백을 호위하는 기병대장을 가리킨다.

23 프로이스주.

24 원문 'catanas'.

25 원문 'adagas'.

26 프로이스는 공란으로 남겨 놓았다. 후에 포르투갈 단위로 계산하는 것을 잊은 것으로 보인다.

27 원문 'ychiro'. 이치로, 즉 한 냥을 의미한다.

28 프로이스가 공란으로 남겨 놓았다.

29 원문 'nanguinatas'. 장도長刀, 언월도, 왜장도를 칭하며 에도(江戶) 시대에는 주로 무가의 여인들이 사용했다.

30 오사카성(大阪城)은 나고야성(名古屋城), 구마모토성(熊本城)과 함께 일본의 3대 성으로 꼽힌다.

31 원문 'Damasco'. 광택이 나지 않는 천에 광택 있는 실로 수를 놓은 비단을 말한다. 시리아 수도인 다마스에서 전해진 것이다.
32 원문 'Saigo'. 사쓰마국(薩摩國)의 다이묘(大名)를 가리킨다. 그러나 국립진주박물관본에는 "미노노국(美濃國) 이비번(揖斐藩) 번주인 니시오 미쓰노리"를 가리키고 있으며 "원문에는 Saigo로 잘못 표기되어 있다"라고 주장하고 있다. (국립진주박물관본 223쪽, 각주 20번 참조)
33 프로이스주.
34 원문 'commonòs'. 고모노(小者). 평민의 신분이며 더부살이로 주로 잡일을 했다. 소인, 하인이라고도 한다.
35 원문 'vacates'. 또는 와카토(若黨). 무가의 가신으로 주인과 혈연관계가 없고 영지가 없는 자. 에도(江戶) 시대가 되면 무사 신분격의 무가 고용인을 가리키게 됐다.
36 음력 8월 1일은 양력 9월 6일이다.
37 원문 'Miabenofoin'. 미야베노호인(宮部法印) 또는 미야베케이준(宮部繼潤)을 말하며, 마에다 겐이(前田玄以)를 가리킨다.
38 고요제이(後陽成) 천황을 가리킨다.
39 원문 'gungues'.
40 원문 'Yamato Chunangon'. 하시바 히데야스(羽柴秀保)를 가리킨다.
41 원문 'Bisonosaixo'. 우키타 히데이에(宇喜多秀家)를 가리킨다.
42 원문 'Vacamia'. 황족의 아들 또는 남자. 여기에서는 가타히토(周仁) 친왕을 가리킨다.
43 원문 'Fachigiôdono'. 초대 하치조궁(八條宮) 도시히토(智仁) 친왕을 가리킨다.
44 원문 'Guifunosaixo'. 도요토미 히데쓰구(豊臣秀次)의 동생인 하시바 히데카쓰(羽柴秀勝)를 가리킨다. 임진왜란에 참전해 거제 도토포(濤浦島)에서 병사했다.
45 원문 'Sandotoxi'.

제 74 장

어떻게 하여 노관백이 조선으로 건너가지 않았고, 어떻게 일본 측 전황이 악화되고 불리해졌는지에 대해

일본 내 여러 영국領國에서 모여든 이들을 바로 조선으로 건너가도록 설득하기 위해 관백이 교토에서 나고야로 온 뒤¹, 이를 위해 누구의 것이든 할 것 없이 발견된 배는 모두 동원됐다. 관백은 자신 역시 곧 조선으로 건너갈 것이며, 어떠한 일이 있어도 꼭 그렇게 할 것이라고 말했다. 또 자신의 말들 중 다수를 조선으로 보내도록 명령하고, 아고스티뉴에게는 여러 장의 편지를 보내 여정 중 자신이 숙박할 성과 수비병을 준비할 것과 서울에 자신의 거처를 마련해 놓을 것을 즉시 명령했다. 편지에는 조선에서의 낭보를 접하게 될수록 관백은 가능한

한 빨리 조선으로 건너가고 싶은 마음을 분명히 나타냈다. 그리고 5만 명가량 되는 자신의 병사들과 함께 조선으로 건너가는 데 이용하기 위해 조선에 일부러 사람을 보내 그곳에 있는 일본 선박들을 귀환시키고, 자신을 위해 선박들을 매우 화려하게 장식하고 훌륭하게 정비할 것을 명령했다. 그리하여 관백의 명령에 따라 나고야에 운집한 크고 작은 배가 8,000척이 넘을 정도였다. 이러한 계략과 교활함으로써 일본의 모든 귀족과 권신의 꽃이라 할 15만 명의 병사들을 조선으로 투입했을 뿐 아니라, 조선으로 간 선박들을 일본으로 돌아오도록 명령함으로써 조선에 간 것을 후회해 일본으로 돌아오길 원하는 자가 있다 하더라도 타고 돌아올 배가 없도록 했다.

또한 관백은 출항 준비를 하거나 배에 발을 들여놓고는 꼭 즉시 떠날 것처럼 일본과 조선의 모든 군대에 사자를 보내 "이제 조선으로 건너갈 만반의 준비를 마쳤다. 그곳에서 조선을 분할해 거기에 있는 모든 귀족이 이룬 위대한 업적에 대한 고마움을 표시하고 많은 녹(祿)으로 보답할 수 있기만을 간절히 바라고 있다"라고 다시금 말했다. 그런데 관백은 나고야성(名古屋城)²에 함께 있는 중신들이 올해 조선으로 건너가지 말 것과 거친 바다와 파도에 일신을 내맡기지 말 것, 지금으로부터 7~8개월 후에 이르면 조류가 완만해지고 만(灣)이 잠잠해지는 시기로 훨씬 쉽게 건너갈 수 있으니 내년 3월³까지 그 계획을 보류해 달라고 매우 간절하게 요청해 왔다면서 이를 받아들여 그때까지 (자신의 조선행을)⁴ 연기하겠지만, 약속한 대로 조선으로 건너가는 것 이외에 어떠한 다른 의도도 없다는 것에는 의심할 여지가 없음을 알아야 한다고 말했다.

그러는 동안 교토로 돌아가려는 의향을 즉시 표명하고 자신의 이름 아래 수행해야 할 임무를 지시하도록 조선으로 네다섯 명의 최고위 무장들을 보냈다. 주요 항구에는 감시병을 두게 하고, 특히 조선에 건너가 있는 병사들이 일본으로 돌아오지 못하도록 감시하는 데 특별한 주의를 기울일 것을 지시했다. 이러한 상황에서 자연히 조선에 주둔하고 있는 모든 무장은 격노와 분개, 말할 수 없는 초조감을 참으며 견디고 있었다. 이들은 그 낯선 왕국의 적들 한가운데에서 수많은 번민과 비참함에 빠져 있었고, 무엇보다도 심각한 식량 부족으로 말미암아 많은 병사가 병들어 그야말로 내버려진 상태로 죽어가고 있었다. 더욱이 조국에서 멀리 떨어져 있는 불행한 처지는 여기에서 끝나지 않고 앞으로 중국을 정복해야 한다는 사실에 이들은 마음이 무거워져 대부분은 불확실한 영광이나 승리 이전에 차라리 죽음을 원하고 있었는데, 그나마 조선 땅에서 죽더라도 자신의 유골이 아주 비참하게 끝이 날 것은 너무나도 분명하고 명백하리라고 생각하고 있었다.

일본 대군은 모두 조선으로 건너가고 나서 주요 최고 무장들 사이에 이뤄진 협의에 따라 조선의 여러 지역으로 분할 배치됐다. 조선군은 처음에는 일본군을 아주 두려워하고 무서워했으나 복종할 기미는 전혀 보이지 않았으며 오히려 매우 격렬하게 저항해 일본군에게는 해결해야 할 아주 큰 문제와 어려움 두 가지가 잇따라 발생하게 됐다.

첫째, 일본군은 서로 먼 지역에 분산 배치돼 있었고 해안으로부터도 멀리 떨어져 있었기 때문에 바다를 통해 일본에서 수송되는 식량을 보급 받으려면 많은 병사를 동원해 식량을 가지러 가야만 했다. 그런데 식량을 수송하는 일본군 수는 적었으며, 자국의 지리를 매우 잘 알고 있는 조선 병사들이 여러 지역에 매복해 있다가 습격해 이들 일본군을 모두 죽이고 식량을 모두 가져갔다.

둘째, 절망적인 상태에 있던 조선 병사들이 서로 단결하고 연합해 수많은 우수한 선박을 동원하는 것이었다. 그 배들은 견고하고 장대했으며 화약과 탄약, 군수품이 대단히 잘 갖춰져 있었다. 그들은 일본인들을 만나면 습격하고 약탈하면서 해적질을 하며 다녔다. 더욱이 조선군은 일본군보다 해전에서 우수해 일본군에게 계속해서 커다란 피해를 주고 있었다. 양군이 부딪친 주요 전투 중 하나는 다음과 같다.

관백의 두 지휘관인 도라노스케와 아와국(阿波國)의 영주는 조선군이 바다에서 일본군에게 주는 수많은 피해에 대해 보고받고 자신들이 거느린 300척의 배로 구성된 대군을 보내기로 했다. 이 배들에 수많은 소총과 창, 활, 화살 등 해전에 필요한 모든 무기와 탄약을 적재하고 정예 병사들을 승선시킨 일본군은 자신들이 갖춘 우수한 군사력을 굳게 믿고 훨씬 적은 수의 배를 가지고 있는 조선 해적들을 격파하기 위해 출격했다. 바로 이때만을 기다리고 있던 조선군은 함성을 지르고 기뻐했으며 배로 일본 함대를 향해 공격을 퍼부었다. 그들의 배는 장대하고 튼튼했기 때문에 일본 배를 장악하며 우위를 차지했다. 조선군은 화약으로 공격하면서 괴롭혀 일본군에게 대단히 애를 먹게 했다. 결국 일본 병사들은 목숨을 구하기 위해 앞뒤 생각도 하지 않고 바다로 몸을 던져 조선군의 성가신 공격으로부터 벗어났다. 조선군은 일본군이 노를 저어서 도망가지 못하도록 튼튼하게 생긴 갈고리가 달린 쇠사슬을 위에서 떨어뜨리면서 포위했다. 해전이 몇 시간 동안 계속되면서 일본군의 기력은 이미 많이 약해졌고 전황은 점점 일본군에게 불리해졌다. 이 해전에서 도라노스케 부대의 매우 용감한 장수 한 명이 전사했다. 그는 관백이 시코쿠(四國)라고 불리는 4개 영국을 획득할 수 있도록 재간과 전략을 발휘해 관백으로부터 대단한 총애를 받던 심복이었다. 아와국(阿波國)의 또 다른 장수는 패배하자 뾰족한 수가 없음을 깨닫고 조선군에게 사로잡히기 전에 할복했다. 이 해전에서 조선군은 70척에 이르는 일본 함대를 물리쳤으며 일본 병사 거의를 죽였다. 살아남은 일본군들은 목숨을 다해 도망쳤다.

이밖에 수없이 많은 경우가 있지만 더 열거하지는 않겠다. 다만 일본군은 해전에 대한 지식이 거의 없었으며 조선군을 공격하기 위한 화기가 부족했으므로 해전에서 앞으로 항상 최악의 상태가 됐다.

주

1 1592년 4월 25일(음력) 도요토미 히데요시는 나고야(名古屋)에 도착했다.
2 오와리국(尾張國) 아이치군(愛知郡) 나고야(名古屋)에 있다. 오와리 도쿠가와 가문(尾張德川家)의 17대 거성居城이며, 긴코조(金鯱城) 또는 긴조(金城)라고도 불린다.
3 양력 1593년 4월.
4 역주.

제 75 장

아고스티뉴가 중국군과 어떻게 야전을 치르고 승리를 거뒀는지에 대해

앞서 말한 것처럼 관백의 주요 장수들은 서울에 집결해 정복할 지역을 분배했는데, 아고스티뉴는 중국과 인접한 곳에서 베이징까지의 지역을 맡았다. 중국 정복의 과업을 계속해 나가기로 한 그는 매우 크고 수량이 풍부한 강¹에 이르렀다. 이 강은 선박을 이용하지 않고서는 도저히 건널 수가 없었다. (아마쿠사 돈 주앙² 영주의 보고와 다른 정보 등에 따르면)³ 조선군이 그 지역에 600~700척의 배를 두어 감시하고 있는데 아고스티뉴 휘하의 가장 뛰어난 장수 중 한 사람인 사쿠에몬 지앙⁴은 그곳 해안에 있는 낡은 배 몇 척을 연결해 타고 용감하게 돌진하여

감시하고 있던 조선군을 쳐부수고 그곳 대부분을 장악했다. 아고스티뉴는 빼앗은 선박을 이용해 무사히 강을 건넜고, 중국에 인접한 지방의 주요 도시인 평양이란 곳에 이르렀다. 그곳에서 중국 국경까지는 이틀 정도의 거리에 지나지 않았다. 이 도시는 돌을 겹겹이 쌓아 만든 성벽으로 둘러싸여 있었다. 그곳에서 겨울을 보내기로 결정한 아고스티뉴는 도시 한가운데 자신을 위한 성 하나를 축조하고, 휘하 장수들에게는 몇 개의 보루를 쌓으라고 지시했다.

이러한 결정을 내린 아고스티뉴는 아리마(有馬) 영주인 동 프로타지우[5], 오무라(大村)의 동 산슈[6], 히라도(平戶) 번주(藩主)[7], 자신의 사위인 쓰시마 영주[8]에게 그곳 주변에 있는 작은 마을들을 찾아 돌아보고 겨울을 나기 위한 식량을 가져올 것을 명령했다. 이러한 사실을 알게 된 조선군은 아고스티뉴가 소수 병력만을 거느리고 있어 그를 쉽게 물리치고 성을 점령할 수 있을 것으로 판단하고 중국 접경지대에서 4,000명의 기병을 거느린 중국 장수에게 원조를 요청했다.[9] 모두 합쳐 4만 명에 달했다는 이들 연합군은 어느 날 밤 평양을 향해 접근해 경계가 소홀한 틈을 타 돌로 쌓은 성벽을 뚫고 아무도 눈치 채지 못하는 사이에 모두 성 안으로 진입하는 데 성공하고는 성을 공격하기 위한 전략과 전열을 갖추고 나서 돌격 신호를 내렸다. 이를 알아차린 아고스티뉴와 그의 병사들은 급박하게 뛰어나와 전력을 다한 끝에 이들을 성 밖으로 몰아냈다. 성 안에 남아 있는 300여 명의 적군을 모두 죽이고 중국 장수는 생포했다. 또한 도주하는 적군은 끝까지 추격하면서 다수를 더 죽일 수 있었다. 아고스티뉴 휘하에서는 아고스티뉴의 동생 루이스와 사카이(堺)의 료케[10] 손자 아고스투(또는 아고스티뉴)[11]가 전사했으며 이외에 큰 전사자는 없었다. 이들 전사자와 아고스티뉴의 사촌인 안토니우는 매우 불행하게 죽었다. 이들은 돌을 겹겹이 쌓아 만든 성문 안에 있는 작은 보루 안에 있어서 중국군이 평양에 진입할 때 중국군에게 발견되지 않아 공격을 받지 않았다. 그러나 중국군이 성 안에 진입하고 아고스티뉴가 자신의 성으로 퇴각하는 상황을 본 이들은 목숨의 위태로움을 느끼고 아고스티뉴와 함께 최후를 맞기 위해 다른 병사들을 남겨두고 그들만이 보루에서 내려왔다가 불행하게도 이때 중국군과 마주치는 바람에 바로 포위당하고 목숨을 잃었다. 작은 보루 안에 있던 동료 병사들은 중국군의 공격을 받지 않았으므로 모두 살아남을 수 있었다.

(앞서 언급한 것처럼)[12] 낡고 오래된 선박을 이용해 강에 있던 조선군을 격퇴한 용감한 무사 사쿠에몬 지앙은 맹렬하게 싸웠으나 중국군에게 포위당했다. 그의 병사들은 모두 목숨을 잃었고 그는 단 한 명의 시동(侍童)과 적의 가운데 서 있었다. 우리 주께서 바라시어 이때 그의 매부인 비센테 베에몬[13]이 나타나 그를 구했다. 비센테는 이후 며칠 동안

적군에게 둘러싸인 수많은 이를 구하면서 매우 용감하게 싸웠으며 중국 병사들을 성문 밖으로 몰아내는 데 크게 공헌했다.

전투가 끝나고서 아리마(有馬)와 오무라(大村) 등의 병사들이 돌아갔다. 아고스티뉴는 성을 잘 정비해 두고 서울로 돌아갔다. 겨울이 점점 다가오고 있었기 때문에 그곳에서 무장들이 앞으로 해야 할 일을 주요 안건으로 한 회의를 하려고 모두 모였다. 이들은 그쯤에서 전투를 일단 중단하기로 하고 군대를 정비하고 강화하며, 그해 겨울에서 다음해 여름까지를 대비한 식량을 확보하기로 결정했다. 조선의 상황을 더욱 잘 이해하려면 다음의 사항들을 알아둬야 한다.

일본군은 최초로 상륙한 부산포에서 서울에 이르는 진로 중 일본식으로 8레구아 내지 10레구아 거리마다 성을 축조했다. 그리고 이곳에는 관백의 사위 하치로[14]와 주고쿠(中國) 영주 모리[15], 그 밖에 두세 사람 등 서울에 있던 일본 무장들이 있었다. 이들은 이번 원정의 총대장이었다. 또 전 노정에 걸쳐 만든 성은 18개에 이르렀다. 그곳으로부터 북쪽으로는 히고국(肥後國) 절반의 영주인 도라노스케가 있었고 그와 함께 사쓰마국(薩摩國)과 휴가국(日向國)[16] 병사들을 거느린 이키노카미(壹岐守)[17]가 있었다. 중국과 인접해 있는 북쪽 지방에는 아고스티뉴가 주둔했고, 그의 곁에는 간베에[18]의 아들이며 가톨릭 영국의 영주인 가이노카미(甲斐守)[19]가 분고국(豊後國) 병사들을 거느리고 있었다. 이처럼 하루 거리를 두고 성을 축조했으며 어느 일정한 시점까지는 이런 식으로 주둔했다. 그런데 이외 지역은 모두 조선인들이 차지하고 있으면서 지역마다 다니며 노략질을 했다. 그래서 부산포에서 서울에 이르는 여정은 300명 미만의 일본군 병력으로 통행할 수 없었고, 서울에서 아고스티뉴가 있는 곳까지는 500명 미만의 병력으로 이동할 수 없었다. 이러한 시점에서 아고스티뉴는 관백에게 그의 동생 지앙을 파견해 조선의 상황을 보고하고, 많은 근거를 들면서 중국 정복 과업을 계속해 나갈 수 없다는 뜻을 전했다.

전쟁에 대한 이야기는 이 정도에서 그만하고 여기에서는 나가사키에서 조선으로 건너간 그레고리오 데 세스페데스 신부[20]가 조선에서 쓴 두 통의 편지를 인용하면서, 그가 조선에서 벌인 선교 활동에 대해 이야기를 하겠다. 왜냐하면 시모(下) 지방 출신이 대부분인 조선에 있는 가톨릭교도들은 자신들의 영적 성장을 위해 고해성사를 베풀어 줄 신부를 보내 달라고 부관구장[21]에게 수차례 요청했기 때문이었다. 가톨릭교도 전원이 아고스티뉴의 깃발 아래 모이게 된 것은 하나님의 위대한 섭리이며, 아고스티뉴의 요청에 답하여 세스페데스 신부가 그곳으로 간 것이다. 세스페데스 신부가 그곳에서 보낸 첫 번째 편지는 다음과 같다.[22]

쓰시마에서 보낸 두 통의 편지로 우리가 쓰시마까지 무사히 여행한 일과 쓰시마의 중신 4명을 포함해 20여 명에 이르는 그곳의 주요 인물들에게 세례를 주는 등 주님의 은총으로 그곳에서 거둔 열매와 첫 수확에 대한 일을 이미 알고 계시리라 생각합니다. 그 섬에서 약 18일을 머무르는 동안 성탄절이 다가와 완노우라(鰐/浦)[23]라고 불리는 항구의 한 가난한 초가에서 보냈습니다. 그곳에서 주님께서 우리를 도우셨는데, 그 부근의 항구를 관리하는 아고스티뉴의 딸이자 쓰시마주의 아내인 마리아에게 보낸 편지들을 그녀가 받아 보았기 때문입니다. 편지를 읽은 그녀는 즉시 우리를 방문했으며, 어떤 때는 선물을 가져오면서 하나님의 말씀을 들려 달라고 요청하기도 해 우리는 그렇게 해줬습니다. 그녀는 설교 내용을 잘 이해했으므로 바로 그 성탄절 날 밤에 신분이 높은 다른 한 사람과 함께 세례를 줬습니다. 그녀는 우리가 머무르고 있는 집에 제법 모양을 갖춘 제단을 준비하고자 벽을 가릴 수 있는 깨끗한 널빤지 여러 장을 가져오도록 한 뒤 온 정성을 다해 그곳을 장식했습니다. 이것은 거기에 있던 100여 명의 가톨릭교도들에게 큰 위안이 됐습니다. 저는 그날 밤새도록 고해성사를 해주었습니다.

또한 우리가 머무는 집의 주인인 선량하고 소박한 70세의 늙은 어부에게도 세례를 해줬습니다. 우리가 신성한 가톨릭밖에 다른 구원의 길이 없다고 하자 나에게 자신을 구원해 달라고 간절히 요청했기 때문입니다.

성탄절 사흘 전에 우리는 60여 척의 배로 조선을 향해 그곳 항구를 출발했습니다. 날이 밝기 전에 바람의 방향이 매우 심하게 바뀌는 바람에 앞을 제대로 볼 수 없는 상황에서 어디에 도착하게 될지도 종잡을 수 없게 된 우리는 어쩔 수 없이 출발한 항구로 되돌아올 수밖에 없었습니다. 파도가 매우 거칠어서 노 젓기는 불가능했습니다. 그저 돛을 달고 바람이 이끄는 대로 갈 수밖에 없었습니다. 섬 주위에 여울이 많아 혹시라도 좌초되지 않을까 하는 커다란 두려움이 있었습니다. 그러나 주님의 가호로 날이 밝자 우리는 두세 척의 배와 함께 출발했던 항구로 무사히 돌아올 수 있었습니다. 같이 출항한 배 중 15척에서 20척은 섬의 다른 곳에 입항했고, 일부는 일본으로 되돌아갔습니다. 어떤 배들은 사나흘 동안 큰 위험 속에서 표류하다가 마침내 조선 땅에 도달했습니다. 나머지 행방불명된 배들에 대해서는 아는 바가 없습니다.

마침내 복음사가 성 요한 축일[24]에 우리는 두 번째 출항을 시도했고, 신의 가호로 곧 조선 땅에 도착했습니다. 원래의 목적지인 웅천[25]에는 도달하지 못하고 그곳에서 10 내지 20레구아 못 미치는 곳에 도착해 그 다음날 노를 저어 웅천성 근처에 도달했습니다. 동료인 일본인 수사修士[26]가 즉시 상륙했는데 저는 그에게 비센테 베에몬[27]을 만나서 앞으로 우리가 해야 할 일에 대해 알아오게 했습니다. 비센테는 바로 말 한 필을 해안으로 보내왔고, 그가 머무는 성으로 곧장 올라오도록 지시했습니다. 이내 그의 매부 소코에몬[28]이 마중 나왔는데, 우리가 도착한 것을 안 그는 배에 있는 저를 보러 온 최초의 사람입니다. 나는 그와 함께 배에서 내렸습니다. 나를 자신의 숙소로 데려가 정성을 들인 저녁 식사에 초대했습니다. 그곳으로 비센테가 아고스티뉴의 동생과 함께 저를 찾아왔습니다. 바로 저를 데리러 온 것이었습니다. 그리하여 저는 그들과 함께 성으로 오게 됐습니다. 아고스티뉴는 3일 전에 이곳으로부터 6~7레구아 떨어진 곳으로 진군해 있어서 이곳에서 그가 돌아올 때까지 머물 것입니다. 그가 돌아오면 수사가 그를 방문할 것이므로, 우리에 대해 그가 가진 의향을 알 수 있게 될 것입니다. 신의 가호로 우리는 곧 가톨릭교도들에게 고해성사를 베풀 예정인데, 벌써부터 많은 신자가 저를 찾아왔습니다. 이 중 오무라(大村)의 동 바르톨로메우[29]의 아들인 세바스티앙이 그의 형인 동 산슈 영주[30] 진영으로부터 첫 번째로 도착했고, 곧바로 동 산슈가 찾아왔습니다. 스모토(栖本) 영주와 아마쿠사(天草) 동 주앙 영주 또한 우리를 방문했습니다. 아리마(有馬) 영주 동 프로타지우[31]는 제가 도착하자 자신을 대신해 그의 형제인 동 산슈를 시켜 나를 방문하게 하고 선물로 음식을 보내왔습니다. 저는 아고스티뉴의 부재 기간에 자리를 지켜야 하기 때문에 아직 아무도 방문하지 않았으며 수사도 밖에 내보내지 않았습니다.

조선에서의 전쟁에 대해 말하면 좀처럼 강화조약을 체결하지 못하고 있습니다. 왜냐하면 이를 협상 중인 중국의 주요 장수인 심유경[32]이 중국에서 희망하는 것 이상을 제시했기 때문으로 보입니다. 그래서 중국에서 일본의 관백에 해당하는 석로[33]라는 중국의 또 다른 중요한 장수는 지금 평양성에 주둔하면서 그곳에 나이토 주앙[34] 영주를 장기간 억류하다가 단바(丹波) 영주의 아들이자 매우 높은 위치에 있다는 것을 빌미로 얼마 전에 일본 측 인질로 베이징에 보냈습니다. 이 석로라는 장수는 보름 전에 고위 지휘관을 통해 중국과 일본 간 이처럼 중요한 강화조약을 자신보다 지휘가 낮은 다른 장수를 통해 체결하는 것은 적절치 못하다는 내용의 전갈을 아고스티뉴 앞으로 보내왔습니다. 그러면서 일본의 관백과 대등한 위치에 있는 자신이 직접 일을 맡아 협상을 종결짓기를 원하고, 이를 위해 다시 심유경을 시켜 이곳으로 전갈을 보내고자 한다고 했습니다. 전갈은 사나흘 이내에 오리라고 생각합니다. 또

그는 베이징에 보낸 나이토 주앙 대신 협상이 끝나면 나이토 주앙이 돌아올 때까지 지금 보낸 장수를 이곳에서 억류해도 된다고 했습니다. 나이토 주앙은 일본 측이 원하는 바대로 중국과의 평화협상이 잘 종결될 수 있을 것이라는 희망을 주었고, 중국인들 역시 자신을 예우로써 정중하게 대우해 준다고 기별을 보내왔습니다. 아울러 아고스티뉴의 가신인 키치베에 암브로지우[35]는 나이토 주앙이 자기가 평양성에 있음을 알고 베이징에서 자기에게 보낸 편지도 함께 가져왔는데, 이 편지는 중국인들이 그를 예우로써 대한다는 것과 강화 협상이 체결되기를 기대하고 있다는 내용을 담고 있었습니다.

아고스티뉴의 정적 도라노스케는 이곳으로부터 북쪽으로 약 15레구아 떨어진 곳에 있습니다. 그는 조선군에게 몇 차례 공격을 퍼부었는데 그 중 한 번은 막대한 재물과 풍부한 식량이 있다는 소리를 듣고 사찰이 1,000여 개 있는 지역을 공격해 모든 것을 파괴하고 불 지르고 무너뜨렸습니다. 이러한 이유로 10만 명이 넘는 중국 군대가 일본군에 반격을 가하고자 그곳으로 내려왔다고 합니다. 중국군의 지휘관은 아고스티뉴에게도 연락을 취해 관백이 조선에 있는 모든 일본군을 본국으로 퇴각시킨다면 자신이 인질이 되어 일본에 갈 용의가 있다고 말했습니다.

이곳 웅천성은 난공불락으로 조만간 거대한 성벽과 망루와 치성雉城을 가진 대단한 공사가 마무리될 것입니다. 이 근처에는 아고스티뉴 휘하의 모든 중신과 병사, 동맹자, 종속자가 머물고 있습니다. 이들 모두는 매우 잘 지은 넓은 저택에서 지내고 있으며, 더 높은 지위에 있는 자들의 저택은 돌담으로 둘러싸여 있습니다.

이곳에서 1레구아 거리의 주변에는 여러 성이 있습니다. 그 중 한 곳에는 아고스티뉴의 동생인 도노메도노 베드로[36]가 주둔해 있고, 다른 한 곳에는 — 이미 앞에서 언급한 바 있는 아고스티뉴의 딸 마리아와 결혼한 — 그의 사위인 쓰시마주 다리우[37]가 주둔하고 있습니다. 다른 성에는 시코쿠(四國)라고 불리는 일본의 4개 영국 출신의 주요 무장과 사쓰마국(薩摩國) 출신 무장들이 주둔하고 있습니다. 이들은 현재 아고스티뉴의 휘하에 있습니다. 그곳에는 또한 자신의 영국에서 추방된 분고국(豊後國) 영주의 아들[38]이 주둔 중이며, 간베에[39]는 그의 아들[40]과 함께 다른 곳에 있습니다.

그레고리오 데 세스페데스 신부의 두 번째 편지

지난번 편지를 보냈을 적에는 아직 아고스티뉴가 외지에서 돌아오지 않았기 때문에 그를 만나지 못했습니다. 며칠 전 아고스티뉴가 돌아왔을 때 제가 도착해 있다는 것을 알고는 그 즉시 저에게 전갈로 환영 인사를 보내왔으며, 늦은 시간이어서 바로 저를 방문하지는 않겠다고 했습니다. 그 다음날 저를 방문해 성 안에서 만남의 시간을 가졌습니다. 저는 그에게 편지들을 전했습니다. 그는 편지들을 읽고 나서 제가 조선에 도착한 사실에 대단히 기뻐했습니다. 우리는 천천히 대화를 나눴습니다. 또한 여러 성으로부터 많은 일본군 이교도가 자기를 방문하고자 이곳에 자주 출입하기 때문에 자기 동맹자들의 저택과 거처가 있는 이곳 성의 낮은 곳에 제가 머무르게 되는 것이 그리 적절하지 않다고 말했습니다. 그래서 비센테 베에몬[41]과 함께 성의 높은 곳에 머무르면서 가톨릭교도들이 그곳으로 저를 방문하고 고해하도록 했습니다. 그리하여 저는 비센테와 성의 가장 높은 곳에 머무르고 있는데, 경사가 매우 가파르고 험준해 그곳을 올라와야 하는 가톨릭교도들에게는 결코 작은 공덕이 아니었습니다. 또한 고해성사를 베풀기 위해 제가 그곳을 밤중에 내려가야 할 때가 있는데 매우 힘이 들뿐 아니라, 올라올 때에는 말을 타고 오면서 중간 중간 여러 차례 쉬어야 합니다.

가톨릭교도들이 고해를 하려고 점차 저를 찾아오고 있기 때문에 이제부터 부활절까지 해야 할 일이 많습니다. 다른 동료 사제한 명이 있다면 제게 큰 위안이 되겠지만 가능한 일이 아닌 것 같기에 지금으로서는 참는 도리밖에 없는 것 같습니다. 주님의 도움으로 모두에게 고해성사를 해줄 것입니다.

아고스티뉴는 가끔 저를 방문했으며 동 프로타지우[42], 오무라(大村)의 동 산슈[43], 아마쿠사(天草)의 동 주앙 영주가 다른 주요한 인물들과 함께 찾아왔습니다.

번주藩主 중 고해를 하러 가장 먼저 저를 찾아온 오무라의 동 산슈는 자신의 동생 세바스티앙과 함께 왔습니다. 아직 젊은 그들이 전 군에 생활의 모범을 보이고 있어 이들을 칭찬하지 않는 자가 없는 것은 당연한 일입니다. 이러한 본보기 덕분에 최대한 서둘러 고해성사를 받고자 온 이들은 모두 그의 휘하에 있는 병사들이었습니다. 이 밖의 많은 번주들 역시 이미 고해를 했고, 다른 모든 가톨릭교도 역시 이러한 식으로 고해성사를 마칠 수 있기를 주님께 기도드립니다.

이곳 웅천성에는 아고스티뉴와 함께 아리마(有馬), 오무라(大村), 고토(五島), 히라도(平戶), 아마쿠사(天草), 스모토(栖本) 영주 등 그의 모든 동맹군과 예속된 자들이 거주하고 있습니다. 이들 거처는 모두 해안선을 따라 있으며 위에 있는 성에는 아고스티뉴의 동생 요시치[44]와 비센테 베에몬이 감시병으로 있었습니다.

제가 이곳에 도착한 바로 다음날 아고스티뉴의 사위인 쓰시마의 다리우 영주[45]가 전갈을 보내왔습니다. 그로부터 2~3일 후에 직접 저를 방문했고, 우리는 서로 연락하기 시작했습니다. 그는 자신의 아내인 마리아가 보내준 해마로 만든 아름다운 묵주를 목에 걸고 있었습니다. 그는 매우 품위 있는 청년으로 뛰어난 학식과 좋은 품성을 가진 사람이었습니다. 바로 그날 저녁에 그는 설교를 듣고 싶어하는 자신의 수많은 가신을 위해 그의 성으로 수사[46]를 파견해 줄 것을 나에게 간곡히 요청했습니다. 그 다음날 저는 그들에게 수사를 파견했습니다. 수사는 그들에게 사흘 동안 설교했는데, 그 뒤 제가 자신의 가신들에게 세례를 해 주도록 쓰시마주가 직접 그의 성으로부터 작은 배를 타고 저를 데리러 왔습니다. 세례를 받고자 하는 이 중에는 그의 조카도 있었습니다. 저는 그와 함께 배를 타고 그날 밤 그의 조카와 30명의 고위 무사들에게 세례를 해주었으며 그 다음날 다시 10명에게 세례를 해주었습니다. 이들 모두는 대단히 기뻐하고 번역된 기도문을 열심히 외우기 시작했습니다. 그들은 곧바로 저에게 가톨릭교도임을 상징하는 물건을 요청해와 각자 모두에게 묵주를 하나씩 주었습니다. 이것으로 그들은 매우 큰 위안을 느꼈습니다.

제가 그곳에서 2~3일을 머무는 동안 다리우는 온갖 정성을 다해 저를 극진히 대접했습니다. 저를 성대한 만찬에 초대해 그가 직접 상을 날라 왔고, 항상 저보다 아랫자리에 앉으면서 윗자리를 저에게 양보했습니다. 무엇보다 저를 놀라게 한 것은 그가 소유한 아름다운 저택이었는데, 그의 장인인 아고스티뉴조차 갖고 있지 않을 만한 수많은 화려한 전쟁 물품과 황금 병풍을 가지고 있어서 마치 임대한 것이 아니라 그곳에서 평생을 보낼 것처럼 보였습니다. 그는 그 누구보다도 많은 수의 병사를 거느리고 있었습니다. 제가 돌아올 때 그는 저와 동행하고자 했으나 제가 받아들이지 않았습니다. 그랬더니 그를 대신해 그의 조카와 다른 중신 한 명을 보내어 이곳까지 저와 함께 오게 했습니다.

그의 가신들이 들은 설교를 통해 역시 새로운 가르침을 배운 다리우는 어떻게 해서든지 고해하고자 싶어했으며 또한 그렇게 할 것을 저에게 약속한다면서 자기가 고해에 대한 가르침을 받을 수 있도록 그곳에 수사가 남게 해 달라고 요청했습니다. 그는 자신의 영국에 신부들이 와 주기를 간절히 원했으며 저에게 일본 군대가 돌아가게 되면 60명이나 되는 영국의 주요 인사들이 이미 세례를 받았으므로 이를 반대할 자가 없으며, 영국 전체가 가톨릭교도가 되는 데에도 어려움이 없기 때문에 신부는 별 다른 문제없이 자신의 영국에서 안전하게 있을 수 있다고 했습니다. 이미 세례를 받은 이들은 자신들의 아내와 자식, 가족 또한 세례를 받게 하려는 열의와 희망을 품고 있습니다. 그렇게 때문에 그곳 쓰시마국(對馬國)에 사제들을 파견할 준비를 지금부터 해두는 것이 필요하며, 주님의 가호로 쓰시마에 사는 모든 이가 가톨릭교도가 되도록 해야 할 것입니다.

아고스티뉴는 이와 같은 성과를 보고 대단히 기뻐했습니다. 수사는 다리우에게 고해에 대해 설교를 하고 있으며, 다른 고위 가신들도 교리에 대한 그의 설교를 듣고 있기 때문에 아직 이곳으로 돌아오지 않았습니다. 이들은 이곳으로 와 세례를 받게 될 것입니다.

이곳 조선의 추위는 매우 혹독하며 일본의 추위와는 비교할 수 없을 정도로 더욱 심합니다. 저는 온종일 추위에 움츠리고 다니며 아침 미사 때에는 손을 움직이기도 힘들지만, 주님의 은총으로 아주 건강하게 지내고 있습니다. 주님께서 맺어주시는 열매에 기뻐하며 모든 고통과 추위를 견딜 것입니다.

굶주림과 추위 및 질병, 그 밖에 일본에서 상상하는 것과는 매우 다른 수많은 고통을 겪는 이곳 가톨릭교도들의 고난은 너무나도 큽니다. 관백이 식량을 보내준다 해도 이곳에 도착하는 양이 너무 적어 그것만으로 지탱하는 것이 불가능하고, 일본의 이들에 대한 지원이 너무 형편없고 늦기까지 하기 때문입니다. 지금 이곳에는 두 달이 넘도록 도착한 배가 없으며 도중에 잃은 배들도 있습니다.

강화 협상은 타결을 보지 못하고 있으며, 협상에 대해 책임을 진 이들 또한 아직 도착하지 않았습니다. 많은 사람이 이 모든 것은 중국 함대가 육군과 함께 도착할 수 있게 하려고 일본군을 여름까지 기다리게 하려는 속임수이며 지연작전이 아닌가 의심하고 있습니다.

주

1 대동강大同江을 의미한다.
2 히사타네(久種)를 가리킨다.
3 프로이스주.
4 원문 'Sacuyemon Jião'. 제73장에서 언급한 사쿠에몬 지앙Sacuyemon Jião, 즉 고니시 사쿠에몬(小西作右衛門)을 가리킨다.
5 아리마 하루노부(有馬晴信)를 가리킨다.
6 오무라 요시아키(大村喜前)를 가리킨다.
7 마쓰라 시게노부(松浦鎭信)를 가리킨다.
8 쓰시마(對馬) 번주인 소 요시토시(宗義智)를 가리킨다.
9 명나라 조승훈祖承訓 장군을 가리킨다. 그는 음력으로 1592년 7월 15일 평양성平壤城을 공격했다.
10 원문 'Reoquei'. 히비야 료케이(日比屋了珪)를 가리킨다.
11 프로이스주.
12 프로이스주.
13 히비야 효우에몬(日比屋兵右衛門), 즉 비센테 베에몬을 가리킨다.
14 원문 'Fachiròdono'. 하치로도노, 즉 우키타 히데이에(宇喜多秀家)를 가리킨다.
15 원문 'Moridono'. 모리 데루모토(毛利輝元)를 가리킨다.
16 현재 미야자키현(宮崎縣)의 옛 국명.
17 원문 'Yquinocami'. 이키국(壹岐國)의 태수太守를 가리킨다.
18 원문 'Quambioyedono'. 가이(甲斐)의 태수 구로다 간베에(黑田官兵衛)를 가리킨다. 원래 이름은 구로다 요시타카(黑田孝高)이다.
19 원문 'Cainocami'. 구로다 나가마사(黑田長政)를 가리킨다.
20 Gregorio de Céspedes(1551-1611) 스페인 출신. 1569년 1월 예수회에 입회했다. 1574년 알렉산드로 발리냐노Alessandro Valignano를 포함한 예수회 신부들과 함께 포르투갈령 인도로 출발해 1577년 일본에 도착했다. 임진왜란 중 고니시 유키나가(小西行長)의 요청으로 1593년 일본인 수사 한칸 리앙Fancan Leão과 함께 조선으로 건너가 1년 반 동안 체류했다. 1595년 7월 일본으로 돌아갔다. 국내에 소개된 세스페데스 신부에 대한 대표적인 연구저서로는 박철, 『세스뻬데스—한국 방문 최초 서구인』, 서울, 서강대학교 출판부, 1993이 있다. 국외 연구논문으로는 Juan Ruiz-de-MEDINA, S. J., *Origenes de la Iglesia Catolica Coreana desde 1566 hasta 1784*, Roma, 1986, p. 37이 있다.
21 페드로 고메스Pedro Gómez, c.1534-1600. 스페인 출신으로 1583년 일본에 도착해 1590-1600년 일본 부관구장(Vice-Provincial)을 지냈다.
22 세스페데스 신부가 작성한 두 통의 서신은

모두 작성일자가 명시돼 있지 않다. 그러나 그가 성 요한 축일(12월 27일)에 쓰시마(對馬)에서 조선 웅천성熊川城 부근에 도착했다고 언급하고 있어 작성일자는 1593년 12월 27일 이후임이 분명하다.

23 원문 'Vannoura'.
24 1593년 12월 27일.
25 원문 'Comûgay'. 경남 진해 근처의 웅천熊川을 가리킨다.
26 강병구본에는 'Fancan Leão' 이라고 언급하고 있으나, 국립진주박물관본은 아마도 가톨릭교도이자 무역 상인인 하라다 기에(한자음의 대리인 Gaspar)로 추정하고 있다. 그러나 국립진주박물관이 말하는 '하라다 기에' 가 맞는지, 하라다 기에가 Fancan Leão과 동일인물인지는 확실하지 않으며 앞으로 연구가 필요한 부분이다.
27 히비야 효우에몬(日比屋兵右衛門), 즉 비센테 베에몬을 가리킨다.
28 원문 'Socoyemon'. 고니시 사쿠에몬(小西作右衛門)을 가리킨다.
29 오무라 스미타다(大村純忠)를 가리킨다.
30 오무라 요시아키(大村喜前)를 가리킨다.
31 아리마 하루노부(有馬晴信)를 가리킨다.
32 심유경. 사본에는 Yuquequi, Yaquequi 및 Yequequi 등 여러 방식으로 표기돼 있다.
33 원문 'Xeqiro'. 강병구본은 "중국 경략 송

응창" (64쪽), 국립진주박물관본은 "석로 또는 석로야" (251쪽, 각주 21)로 각각 해석하고 있다. 명나라 문신으로 임진왜란 당시 병부상서를 역임한 석성石星을 가리킨다.
34 원문 'João Naitodono'. 나이토 조안(內藤如安) 또는 고니시 조안(小西如安)이라고도 불린다.
35 원문 'Quichibioye Ambrozio'. 다케우치 기치베에(竹內吉兵衛)를 가리킨다.
36 원문 'Tonomedono Pedro'.
37 원문 'Çuximadono Dario'. 쓰시마(對馬) 번주인 소 요시토시(宗義智)를 가리킨다.
38 오토모 요시무네(大友義統)를 가리킨다.
39 구로다 요시타카(黑田孝高)를 가리킨다.
40 구로다 나가마사(黑田長政)를 가리킨다.
41 히비야 효우에몬(日比屋兵右衛門)을 가리킨다.
42 아리마 하루노부(有馬晴信)를 가리킨다.
43 오무라 요시아키(大村喜前)를 가리킨다.
44 원문 'Yoxichidono'. 아고스티뉴의 동생 루이스 도노를 가리킨다.
45 쓰시마(對馬) 번주인 소 요시토시(宗義智)를 가리킨다.
46 세스페데스 신부와 함께 온 일본인 수사 한칸 리앙을 가리킨다.

제76장

중국군이 일본군과 치른 다른 전투와 그동안 발생한 여러 일에 대해

앞에서 다룬 이야기로 되돌아가면, 아고스티뉴가 중국 측에 대해 승리하고 중국군 총대장을 생포한 전투 이후에 (이미 이 편지들에 언급한 바 있는)[1] 심유경이라고 하는 중국군의 또 다른 고위 장수가 아고스티뉴를 찾아와 강화를 요청해 왔다. 그는 조선 일부를 넘겨주고 관백에게 사절을 보낼 것을 약속했다. 그렇게 함으로써 강화와 평화를 희망하며, 그에 대한 표시로 인질들을 풀어주겠다면서 베이징에 사람을 보내 중국 황제[2]에게 보고하지 않고서는 이와 같은 결정을 확실하게 내릴 수가 없기 때문에 자기에게 두 달의 여유를 줄 것과 그동안 양군이 휴전할 것을 요청했다. 덧붙여 말하기를 "중국 병사들은 일본군의 방어용 무기가 자신들의 무기와 견줘 별 효력이 없다고 생각하고 있으며 설령 일본 무기의 우수성에 대해 아는 자들이 설명을 해도 중국 병사들은 이를 믿지 않는다. 일부 병사들은 아무리 중국군이 일본군보다 수적으로 훨씬 우세하더라도 일본군에 대항해 싸우는 것은 불가능하다고 말해도 이를 이해하지 못한다. 따라서 중국 황제와 그 장수들에게 보내도록 일본군이 사용하고 있는 모든 무기의 견본을 하나씩 달라"고 아고스티뉴에게 요청했다. 이는 중국인들이 일본군 무기의 완벽함과 자신들의 무기보다 얼마나 앞서 있는가를 눈으로 직접 확인해서 일본군과 싸우는 것이 불가능하다는 사실을 깨닫게 하기 위해서라고 했다. 일부에서 이것은 속임수이며 무기의 견본을 요청한 것은 그와 유사한 다른 무기들을 제작하기 위함이라면서, 특히 창이나 장도長刀는 물론 일본도日本刀의 위력을 견뎌낼 수 있는 갑옷을 만들기 위해서라고 말했다. 아고스티뉴는 이것이 중국 측의 속임수일 가능성도 있음을 끊임없이 염려하면서도 심유경의 요청을 모두 들어주었는데 실제로 중국 측의 속임수였으며, 일본군은 이를 곧 깨닫게 됐다.

　사람들은 심유경이란 자가 매우 영리하고 자신이 원하는 대로 모두 설득시키는 대단한 재주를 지녔다고 말했다. 아고스티뉴와의 협상에서 그가 내세운 이유나 대답은 그의 이러한 면을 잘 보여주었다.

아고스티뉴는 심유경에게 그렇게 강한 중국군이 어찌하여 일본군과 강화를 체결하려고 하며, 왜 그토록 유리한 조건들을 제시하는지 물었다. 심유경은 이에 대해 "중국군이 일본군을 조선 땅에서 몰아내고자 모든 전력을 쏟는다면 쉽게 그렇게 할 수 있다. 그러나 그에 따른 다른 불리한 점들이 있을 것이기에 그렇게 하지 않는 것이다. 일본군과 강화한다면 이러한 불리한 점도 없어질 것이므로 조선 땅을 일본인이 차지하든지, 원래대로 조선인이 보유하든지 중국 입장에서는 별로 중요하지가 않다. 또한 조선군이 방어할 겨를도 없이 겨우 몇 달 만에 일본군이 매우 용맹하게 조선 대부분을 정복한 것처럼, 또 조선의 대군과 타타르의 수많은 오랑캐가 4,000명의 중국인 기마병과 함께 평양성으로 와서 아고스티뉴 진영의 병사 대부분이 성에 없는 틈을 타 기습했는데도 성공하지 못한 것과 같이[3] 지금까지의 상황으로만 미뤄봐도 어려운 대사가 될 것이다. 이에 따라 내린 결론은 조선 땅에서 일본군을 몰아내는 것이 불가능하지 않지만 우리에게 몹시 어려운 과제가 될 것으로 보고 무력으로 일본군을 치는 방법을 찾는 대신에 일본 측이 원하는 대로 강화를 맺는 편이 나을 것으로 판단했다"라고 답했다. 그는 아고스티뉴에게 이러한 점을 더욱 잘 이해시키기 위해 덧붙이기를 "중국인은 조선인을 별로 좋게 생각하지 않고 오래 전부터 이들을 조선 땅 밖으로 몰아내고 싶어했다. 그래서 이 전쟁을 기회로 조선 왕을 사로잡아 성 한 곳에 가두고 수천 명의 감시병을 붙여 놓았다. 관백이 흡족해한다면 조선 국왕을 일본으로 보내 원하는 대로 처리할 수 있게 하겠다"고 제의했다. 언급하면 끝이 없을 이러저러한 거짓말로 심유경은 약속한 내용을 틀림없이 이행하겠다면서 일본군을 설득시키려고 노력했다.

이러한 상황에서 일본군은 겨울로 말미암아 원조를 더욱 받을 수가 없었으며, 식량이라고는 오직 조선에서 구할 수 있는 것이 전부였다. 그러나 양이 적고 상한 것뿐이며 대부분은 일본사람들이 먹지 않는 옥수수였다. 일본군에 식량이 부족하다는 것을 알게 된 조선군과 중국군은 여러 방향에서 일본군을 공격하기로 했다. 그들은 결정한 대로 공격을 개시했으며, 아고스티뉴 군대에 집중포화를 퍼부었다. 중국 장수[4]가 대군을 집결하도록 명령했는데, 이에 대해 많은 사람이 그 수를 과장했다. 그러나 몇몇 믿을 만한 가톨릭교도들은 편지에서 역시 헤아릴 수 없을 정도로 많은 조선군을 제외하더라도 최소한 20만 명은 될 것이라고 했다. 이미 군대를 정비하고 심유경이 이전에 약속한 강화조약을 체결할 시간이 다가오자 평양성으로부터 5레구아 거리의 성에 주둔 중인 심유경은 아고스티뉴에게 전갈을 보내어 "베이징으로부터 소식이 이미 도착했고 아고스티뉴를 만나려고 내가 즉시 그곳으로 가야 하지만 낙마落馬사고로 몸이 아파 갈 수가 없다. 이것이 사실이라는 증거로 내 병을 직접 확인하도록 이곳으로 가신 한 명을 보내 달라"고 했다. 아고스티뉴는 중국 측이 가신들을 억류하거나 해를 가한다면 얻는 이득이 전혀 없을 것으로 보고 암브로지우[5]라는 근신 한 명과 20여 명의 수행원을 보냈다.

  암브로지우가 그곳에 도착하자 그들은 처음에 환대를 했다. 그러나 암브로지우를 안쪽에 있는 방으로 데려가면서 그때마다 수행하는 병사들을 남게 하더니 결국 붙잡고는 수행원들도 체포하려고 했다. 이러한 속임수를 알아차린 일부 수행원들은 칼을 빼들고 방어하면서 사오 명 정도가 평양성에까지 도망쳐 왔다. 중국군은 그들의 황제가 그토록 용감하고 맹렬하게 단시간 내에 조선 전체를 정복한 자들이 도대체 어떤 이들인지 알고자 일본사람을 보고 싶어했기 때문에 암브로지우를 사로잡아 그들의 황제에게 보내려고 한 것이었다.

  이 모든 것이 속임수와 배신임을 알게 된 아고스티뉴는 그들이 곧 공격해 올 것을 예상하고 전투 준비를 하기 시작했다. 그들은 실제로 공격을 해왔다. 그로부터 2~3일 후인 2월 초에 중국과 조선의 군대가 아고스티뉴 군대가 주둔해 있는 평양에 도착해 평양성이 보이는 곳에 포진했다. 사흘째 되는 날 조선군이 이틀간 맹공격을 퍼부었으며, 중국군은 전투에 가담하지 않고 보이는 곳에 있기만 했다. 아고스티뉴의 군대는 조선군의 공격을 두 번 맞으면서 모두 그들을 도시의 성벽에 도달하지 못하게 함으로써 쉽게 승리했다.

그들은 나흘째 되는 날 다시 공격하기로 결정하고 우선 일본군 병력 상태와 조선군과의 전투 후 어떠한 준비를 했는지를 알고 싶어했다. 일본군은 조선군과 중국군이 합동으로 공격해 올 것을 알고 전력을 기울여 전투 준비를 했다.

바로 그때 성 밖에 있는 자들(중국군과 조선군)이[6] 성 안에 있는 자들(일본군)[7]에게 거짓 전갈을 보내어 그들이 희망하는 바를 전하게 했다.[8] 전갈의 내용은 우선 강화 협상에 참석하지 못한 일에 대해 가능한 방법을 다해 사과했고, 자기들은 진심으로 강화를 원하고 있다는 것이었다. 이에 대해 아고스티뉴는 "화평을 원하는 자들이라면 심유경을 방문하도록 보낸 암브로지우를 속여서 억류하는 한편 대군을 이끌고 평양에 온 너희처럼 행동하지 않았을 것이다. 이득이 될 것이 전혀 없음에도 너희가 나의 가신을 억류한 사실에 대단히 놀랐다"고 답했다. 또한 아고스티뉴는 중국인의 관습에 대해서 아는 바는 없지만 일본인의 관습에 따르면 그들이 한 짓은 장수의 완벽함을 추구하는 이들에게 있어서는 매우 비열하고 불명예스러운 짓이라 말했다. 사자使者는 가능한 한 변명을 하면서 전갈의 내용을 모두 전했다. 그리고 협상 뒤 일본군 진영의 중국인 역관은 그를 평양성 안으로 들여보내 그가 원하는 모든 것을 보게 했다. 이 소식을 접한 아고스티뉴는 대단히 분개했다. 그러나 사자는 이미 자기가 원하는 것을 보고 간 지 오래였다.

일본 측으로부터 사자가 돌아간 뒤 조선군은 그 이튿날 아침 해가 뜨고 난 2시간 뒤에는 위협만 주려고 모두 탄환을 장전하지 않은 사석포射石砲를 수없이 쏘아대기 시작했다. 그런 뒤에는 여러 종류의 요란한 북소리와 함성을 내며 어마어마한 대열로 공격을 해 왔다. 그 모양은 다음과 같았다.

우선 전투병은 모두 말을 타고 왔다. 말들은 매우 크고 강건했는데 보통 유순했으며 들판에서 하나같이 자유로운 상태에 놓인 채 무리를 지어 매우 조용히 풀을 뜯어 먹고 다녔다. 모든 병사는 적당한 두께의 강철로 된 갑옷과 하의용 군갑을 입고 있었다. 그들은 말을 타고 있었기 때문에 군갑은 거의 그들의 발에까지 내려왔다. 모든 병사가 아주 훌륭하고 강력한 장신구를 착용하고 있어서 마주 보고 대적하는 상태에서 가장 훌륭한 무기인 일본군의 칼이나 창을 가지고는 조선 병사들에게 어떠한 해도 입힐 수 없었다. 그들은 또한 다듬어진 강철로 된 아주 훌륭한 투구를 쓰고 있었다. 이 중 몇 구가 일본으로 전해졌다. 공격용 무기로는 그들이 사용하는 가장 우수한 무기인 활과 화살 및 일본의 것과 같은 창과 칼, 수많은 소총이 있었다. 그러나 소총 쏘는 법을 잘 몰라 수없이 사격했지만 일본군에는 단 한 명의 사상자도 없었다.

아고스티뉴와 다른 가톨릭교도들이 전한 이야기에 따르면 그들은 성벽을 오르려고 폭이 넓고 잘 만든 사다리를 수레에 싣고 다가와서는 성벽에 다다르자 수레에서 사다리를 꺼내 벽에 기대 세운 뒤 곧바로 기마병들이 매우 쉽게 사다리를 타고 올라 성 안으로 들어왔다. 성 안쪽은 벽이 낮았기 때문에 그들은 성 안으로 곧바로 뛰어 넘어 들어올 수 있었다.

그들은 각자 맡은 임무가 있는 듯이 어느 누구도 다른 병사가 하는 일을 간섭하지 않았다. 일부는 사다리를 세우는 일을 맡았고, 다른 이들은 부상자를 나르는 일을 맡았다. 또 다른 이들은 화약과 화포를 등에 지고 날랐으며, 몇몇 병사들은 궁수에게 화살을 날라주고 있었다. 그리고 이 모든 것은 놀랍고도 신기한 질서 속에 이뤄졌다. 도망을 가거나 자신이 맡은 임무를 포기하는 병사는 없었다. 이는 그러한 행동에 대한 벌이 사형이기 때문이라고 한다. 그들은 전투에서 공격을 할 때나 적으로부터 공격을 받을 때나 달 모양으로 진을 펼쳐 적군을 포위하고 중앙에 몰린 적을 쳤다. 모든 병사는 절대복종을 하면서 장수들이 내리는 신호에 따랐다.

그들은 이러한 기세로 평양성을 공격했다. 평양성의 아고스티뉴가 거느리고 있는 겨우 5,000명의 병사들은 돌을 겹겹이 쌓은 성의 입구를 사수하는 데 진력했다. 아고스티뉴 병사들은 매우 용감하게 온 힘을 다해 싸웠지만 수비해야 할 성벽은 넓은 데 반해 수가 적었으며, 게다가 이틀 동안 치른 전투로 지쳐 있었다. 또한 중국군의 수도 이미 언급한 대로 헤아릴 수 없을 정도로 많아 입구에서 그들을 저지할 수가 없었다. 마침내 중국군은 마음대로 성 안으로 침입했다. 할 수 없이 아고스티뉴는 소수 병력에게 이전에 방어를 위해 만든 보루로 철수할 것을 명령하고, 병사 대부분에게는 보루 밖에서 중국군과 싸우게 함으로써 보루에 대한 공격을 막고 중국군을 성 밖으로 몰아내려고 했다. 일본 병사들은 용감하고 굳은 의지로 전투에 임했다. 그러나 중국군보다 수적으로 너무나 열세인 데다가 이들의 칼과 창은 수많은 전투를 치르느라 둔하고 무뎌져 있어서 중국 병사들을 벨 수가 없었으며 반대로 중국군의 무기는 매우 강했다. 전세가 매우 불리해져 총포마저 사용할 수 없어서 아고스티뉴의 동생[9]과 사촌[10] 한 명을 비롯한 일본 측 전사자가 발생했고 수많은 병사가 다쳤다. 그러나 일본군이 온 힘을 다해 대항했기 때문에 필사적으로 보루를 점령하려던 중국군은 수많은 사상자만을 낸 채 철수할 수밖에 없었다. 그리고 일본군이 뒤를 쫓아갔기 때문에 그들은 처음에 마련한 진영에서 멈추지 않고 조금 더 떨어진 지역까지 후퇴했다.

　오야노(大矢野) 도노[11]는 아직 어린 소년에 불과하지만 이날 대단히 훌륭하게 싸웠다. 그 자신은 아주 절박한 상황에 처했지만 한쪽 팔에 아주 가벼운 상처만을 입고 무사히 탈출했다. 사람들은 그가 두려움을 모른다고 했다.

아마쿠사(天草)의 동 주앙[12] 역시 이날 그 누구에게도 뒤지지 않았다. 그는 아고스티뉴가 보는 앞에서 매우 용감하게 온 힘을 다해 싸웠다. 적군에 의해 그가 타고 있던 말이 죽자 그는 재빨리 오른쪽에 끌고 오던 다른 말에 올라탔는데 그 말 역시 죽임을 당했다. 그러한 위급한 상황에서 가신 하나가 적의 칼날로부터 그를 방어해주지 않았다면 그는 바로 그 자리에서 목숨을 잃었을 것이다. 이 가신은 그에게 그토록 충직해 자신의 목숨보다 동 주앙의 목숨을 더 소중히 여기고 적의 칼날을 자신의 몸으로 막아내 동 주앙을 살리는 대신 자신은 목숨을 잃었다. 이날 서른 명이 넘는 동 주앙의 병사가 전사했다. 동 주앙은 화살로 말미암아 다섯 군데 상처를 입었으나 모두 가벼운 정도에 그쳤다. 그는 모든 군사 앞에서 대단한 명성을 얻었다. 동 주앙은 곧바로 그곳에서 일본으로 편지를 보내어 그의 목숨을 구해준 가신의 처에게 식량과 녹(祿)을 하사하도록 했다.

히라도(平戶) 출신의 병사들은 항상 잘 싸웠고 중국군과 전투를 치른 날에는 히라도의 동 제로니무 영주[13] 동생인 동 세바스티앙이 전사했다.

티뉴가 전사라도 한다면 휘하 병사들 또한 전사하게 될 것으로 판단해 모든 병사를 데리고 안전하게 철수한 사실에 (그를) 현명한 장수로 여길 것이다"라고 답했다.

이러한 설득력 있는 주장으로 아고스티뉴를 이해시켰고, 그는 그곳에서 가까이 있는 성으로 철수할 것을 결정했다. 그리고 바로 그날 밤, 가능한 아무 소리도 내지 않고, 보루에는 깃발을 꽂아 놓고, 횃불도 평소처럼 밝혀 두고서, 온갖 신경과 주의를 기울여 모든 환자와 부상자를 나르도록 명령을 내리고 나서 아고스티뉴는 적들이 눈치 채지 못하게 평양성을 빠져 나왔다.[1]

평양성 전투 기간에 아리마(有馬) 영주인 동 프로타지우[2]는 천연두를 몹시 앓았고 거의 실명할 위기에까지 갔지만, 아고스티뉴는 그에게 그를 절대 포기하지 않겠다고 약속하면서 명예롭게 대해 주었다. 아고스티뉴는 평양에서 조선의 서울까지 도망가는 내내 그 약속을 철저히 지켰다. 천연두는 별다른 흔적 없이 나았지만 눈의 상태는 매우 심각해졌다.

서울 쪽으로 바로 인근에 있는 성에는 동 파울루 시가(佐賀) 영주[3]가 주둔하고 있었다. 그는 평양성에서 도망쳐 온 아고스티뉴의 몇몇 가신들로부터 그곳에서 발생한 일에 대해 전해 듣고, 서울 방향으로 하루 거리에 있는 분고국(豊後國) 영주[4]에게 전갈을 보냈다. 오야카타(大

있는 일본군 성채들이 조선군의 계속 퍼부어대는 공격과 습격에 대비해 방어할 병사들만 겨우 유지하고 있는 상태이므로 원조를 바로 받을 수 있다는 희망도 없다는 사실이다"라고 설명했다.

그러나 아고스티뉴는 어떠한 비겁한 행위나 도망치는 것을 대단히 못마땅하게 여기는 관백의 습관을 이유로 들며 이를 받아들이지 않았다. 그리고 그가 할 수 있는 최고의 방법은 바로 싸우다가 명예롭게 죽는 것이며, (그것이) 목숨을 부지했다가 관백의 총애를 받지 못하고 유배를 당하는 등 영원히 불명예를 안은 채 살아가는 것보다 낫다고 말했다.

이에 대해 간신들은 "관백에게는 바로 우리가 모두 전사하는 것이 그보다 더 나쁜 결과다. 이것은 적에게 사기를 북돋아주고 후방의 성채에 있는 우리 병사들의 사기를 저하시키기만 한다. 결과적으로 후방에 있는 군대들은 아고스티뉴보다 더 적은 수의 병력을 가지고 있으므로 아주 쉽게 적에게 항복할 것이고, 이것이야말로 관백에게 더욱 큰 불명예이며 손실이 될 것이다. 또한 관백을 두려워할 이유는 전혀 없다. 왜냐하면 사흘 동안 계속 전투를 치른 데다가 철수는 식량과 군수품 부족으로 말미암은 것이므로 그것으로 비겁하다고 책임을 돌릴 수는 없다. 오히려 사흘 동안 그렇게 용감히 싸운 용기와 신중함을 칭찬하게 될 것이다. 그리고 더 이상의 전투가 불가능해지고 아고스

제 77 장

병사들이 아고스티뉴에게 평양성을 포기하도록 설득한 일과 이와 관련해 일어난 일들에 대해

전투가 끝나자 아고스티뉴 휘하의 장수들은 아고스티뉴에게 일본군이 많이 주둔하고 있는 후방의 성채로 철수할 것을 설득하기 시작했다. 그들은 "병사들이 이미 지쳐 있으며, 사상자 수가 많고, 군수품은 모두 떨어졌다. 더욱이 무기들은 파손됐으며 보루 밖에 있던 일부 식량 창고들은 불에 탔다. 이런 상황에서 중국군이 충분히 승산이 있다고 보고 내일이라도 재공격을 감행한다면 우리는 전멸을 면하지 못할 것이다. 설령 한두 차례 전투를 버티어 낸다 해도 결국에는 힘이 다해 저항조차 못할 것이다. 더욱 걱정스러운 점은 평양과 서울 사이에

주

1 프로이스주.
2 명 신종(1573-1619).
3 명나라 장군 조승훈祖承訓의 평양성平壤城 공격 실패를 의미한다.
4 이여송李如松을 가리킨다.
5 다케우치 기치베에(竹內吉兵衛)를 가리킨다.
6 역주.
7 역주.
8 이여송李如松은 장대선을 사절로 정하고 고니시 유키나가(小西行長)에게 파견시켰다.
9 앞 장에서 언급한 고니시 유키나가(小西行長)의 동생인 루이스를 가리킨다.
10 안토니우를 가리킨다.
11 원문 'Voyanodono'.
12 히사타네(久種)를 가리킨다.
13 고테다 자에몬 야스가즈(籠手田左衛門安一)를 가리킨다.

星形)[5]는 동 파울루에게 당장 성을 버리고 자신에게 오라고 답신했다. 동 파울루는 포기하기는 아직 이르다고 판단해 이 명령을 따르려고 하지 않았다. 또한 평양성에서 도망쳐 온 다른 병사들이 '아고스티뉴가 이미 할복할 준비를 했다'고 이야기하는 것을 들은 동 파울루는 분고국 영주에게 다시 전갈을 보내 "자신이 죽더라도 잃을 것이 없으니 유감스러워하지 마라"고 전했다. 분고국 영주는 동 파울루가 자신이 명령한 즉시 오지 않은 점을 질책했고, 더는 동 파울루를 기다리지 않고 곧바로 성城을 버렸다. 영주가 보낸 이 두 번째 전갈에서 아고스티뉴가 이미 죽었다는 것이 그에게 사실로 보였기 때문에 동 파울루는 성을 포기했다. 반 시간여만 더 기다렸다면 아고스티뉴가 성으로 왔을 것이고 큰 명예를 갖고 그와 함께 퇴각할 수도 있었다.

한편 이 일은 아고스티뉴에게 매우 큰 행운이었다. 자신의 퇴각에 대해 관백 앞으로 보낸 서신에서 '분고국 영주가 주둔 중인 두 곳의 성채를 미리 포기한 사실을 알았기 때문'이라고 해명할 수 있었기 때문이었다. 그러나 다른 한편으로는 아고스티뉴에게 큰 불편을 끼쳤다. 바로 이 두 곳의 성에서 기대한 것과는 달리 일본 병사를 찾아볼 수가 없어서 간베에[6]의 아들이자 부젠국(豊前國)[7] 영주인 가톨릭교도 가이노카미(甲斐守)[8]가 있는 성에 도착할 때까지 나흘 동안을 더 진군해야 했다. 더욱이 하루 여정의 식량만을 준비했기 때문에 식량이 크게 부족한 최악의 상태에서 밤낮을 가리지 않고 걸어야 했으므로 매우 고난스러웠다. 게다가 모든 것이 눈으로 덮여 있어 먹을 것이라고는 풀 한 포기도 발견하지 못해 배가 몹시 고파 정신을 차리기 위해서 눈이라도 집어 먹어야만 했다. 이렇게 아고스티뉴는 가이노카미와 함께 서울로 향했다.

이 여정에는 강이 많았다. 일부는 수심이 너무 깊어 배를 이용하지 않고는 도저히 건널 수 없었다. 이 중 하나는 서울 쪽으로 흐르는 평양시 바로 가까이 있는 강이었다.[9] 또한 조선의 추위는 매우 혹독해 겨울에는 모든 것이 얼어붙어서 미끄러지지 않도록 얼음 위에 약간의 짚이나 이와 비슷한 것을 깔고 땅 위를 가는 것처럼 사람들과 말, 수레가 지나다녔다. 이 방법은 일본군에게 커다란 행운이었고 편리했다. 그렇게 하지 않았다면 일본군은 매우 고생을 했을 것이고, 적에게 추격이라도 당한다면 단 한 명도 살아남지 못했을 것이었다. 그러나 일본군은 눈 위를 걷는 데 익숙지 않았다. 조선인과 중국인이 신는 두꺼운 가죽신을 사용하는 것도 아니었으며, 추위나 물을 전혀 막을 길이 없는 짚신만을 신었기 때문에 고통이 매우 심했다. 많은 병사의 엄지발가락이 떨어져 나갔고, 이 중 몇 명은 이곳[10]으로 왔다.

적군은 더 이상 일본군을 추격하지 않았다. 이는 적군도 많은 병사가 앞서 있었던 전투에서 부상하거나 지쳤기 때문이라고 한다. 그리

제78장

일본군이 어떻게 서울을 포기했는지와 강화 협상을 논하기 위해 아고스티뉴가 어떻게 중국의 사신 두 명과 나고야로 향했는지에 대해

중국군에 대한 이러한 아고스티뉴의 행동은 일본인들에게 커다란 실망감을 안겨다줬다. (그것은)¹ 일본인이나 다른 나라 사람들이 중국인에 대해 가진 그릇된 인식 때문이었다. 중국인들은 나약하며 비록 그 수가 많을지라도 총소리를 듣거나 칼집에서 칼을 꺼내는 것을 보면 적의 수가 적다 해도 그들이 공격할 때를 기다리지 못하고 도망간다고 생각한 것이다. 중국인에 대한 이러한 인식은 일부 일본인들로 인해 조성된 것이었다. 군대가 없고 오직 농부이거나 무기라고는 만져본 일이 없는 토착민이 전부인 중국 해안지대를 일삼아 노략질하던

일본인 200명 또는 300명을 보고 수없이 많은 중국인이 도망쳤기 때문이었다.

이러한 의견은 (중국 남부 지역인)² 광둥(廣東) 지역의 중국 군대에 대해 일부 포르투갈인들이 말한 것과도 일치한다. 그곳의 중국인들은 한 번도 적들과 접해보지 않았고, 전투 경험이 없어서 싸울 의지도 없었으며, 그나마 몇 차례 치른 전투에서는 매우 비겁하게 행동했다.

그러나 아고스티뉴와 전투를 치른 중국 병사들은 타타르와의 국경 지역에 주둔해 수시로 그들과 전쟁을 치렀기 때문에 지금껏 보여준 것처럼 매우 용감하고 전쟁 기술에도 익숙해 있었다. 아고스티뉴는 중국군의 용맹성과 이들과의 전투 경험을 떠올리면서 중국의 군사력에 대해 새로운 인식을 갖게 됐다.

이후에 일본군은 식량도 부족했고, 어떠한 방법으로도 원조 받기는 불가능함을 깨닫고는 모두 조선의 서울로 퇴각해 그곳에서 적군을 기다리기로 했다. 이는 여러 지역의 성들로 분산돼 있지 않고 그곳에 모든 병사가 집결해 있음으로써 더욱 방어를 잘할 수 있을 것으로 여겼기 때문이었다. 모든 일본군은 곧바로 서울로 철수해 그곳에서 성을 축조했다.³

이 무렵 관백은 심유경이 아고스티뉴에게 약속한 바대로 조선의 절반을 자기에게 넘겨주면서 강화를 체결하기 위해 아고스티뉴가 중국 황제의 사신들과 함께 즉시 귀국하기만을 초조하게 기다리고 있었다. 그리고 관백은 조선의 절반 지역에 일본인을 이주시키고, 그곳으로 시모(下) 9개 영국의 모든 번주藩主, 야마구치와 그 외 9개 영국의 영주인 모리[4] 및 다른 몇몇 영주들을 보내고 이들이 소유한 일본의 영국에는 자신의 가신들로 배치할 것을 결심했다.

  관백이 이러한 결정을 내리고 있을 때 조선에서의 일[5]을 보고하는 아고스티뉴의 전갈이 도착했다. 그는 아고스티뉴에 대해 조금도 분노하지 않았을 뿐만 아니라 오히려 아주 적은 병력을 가지고도 그렇게 막강한 군대에게 사흘 동안 저항하면서 용맹하게 싸웠으며 혼란을 일으키지 않고 그의 모든 병사를 이끌고 안전하게 철수한 점에 대해 매우 칭찬했다. 그러나 분고국(豊後國) 영주[6]가 적군이 들이닥치고 있다는 것을 알고 있었음에도 평양의 상황을 확인하도록 사람을 보내지 않은 점이나 아고스티뉴에게 어떤 일이 일어났는지 확실히 알지도 못한 채 책임지고 있는 성을 버렸다는 것에 대해 매우 언짢아했다. 관백은 그를 즉시 그의 영국에서 쫓아내는 한편 목숨만은 살려주는 자비를 베푼다며 야마구치 영주인 모리[7]에게 넘겨주면서 다섯 명 이상의 가신을 거느리지 못하게 했다. 그리고 이전에 아버지로부터 분고국 통치권을 넘겨받은 아들[8]은 당시 평양에 그의 아버지와 함께 있지 않았는데, 장래가 촉망되는 청년이라면서 도라노스케 휘하에 있게 하면서 병사 500명을 거느리도록 허락했다. 이후 그를 아고스티뉴에게 보내 현재 그와 함께 있다. 관백은 곧바로 분고국을 인수하도록 명령하고 분고국의 주요 성에 감시병들을 배치했다.

관백은 조선의 서울에 있는 장수들에게 편지를 보내 가능하면 4월이나 5월까지 버티도록 하고, 그때 자신이 직접 대군을 이끌고 도우러 갈 것이라고 언급했다. 그러나 그때까지 기다리지 못할 것으로 보인다면 해안 근처에 있는 성으로 철수해 그곳에서 버티고 있으라면서 자신이 어떻게든 건너가 조선을 정복하고 중국군에게 복수하겠다고 했다. 이를 위해서 자신은 초여름에 건너갈 수 있도록 많은 선박과 군수품과 병사들을 준비할 것이라고 했다.

중국군은 일본군이 서울로 퇴각하자 보다 쉽게 일본군을 조선 땅 밖으로 몰아낼 수 있을 것으로 생각하고 서울로 접근하기 시작했다. 이것을 안 일본군은 그들이 포위해 오기 전에 강한 적군에게 포위되는 것보다 맞닥뜨려 싸우는 게 낫다고 생각하고 서울로부터 장수 몇 명이 나와 중국군과 맞서 매우 용감하게 공격했다. 중국군 역시 맹렬하게 공격했으며 그 결과 양측 모두 많은 수의 전사자를 냈다. 일본군은 다시 서울로 철수했다.[9]

중국 측은 일본군이 더 이상 전사자를 내지 않고 평화적으로 조선에서 철수하기를 항상 바랐다. 그러나 일본군이 대단한 위험을 무릅

쓰고 공격해 오는 것에 놀라고 당황해 심유경은 아고스티뉴에게 몇 편의 전갈을 보냈다. 심유경은 과거 일어난 일들에 대해 거짓으로 사과하면서 "그때 일은 내 잘못이 아니라 베이징에서 새로 도착한 다른 장수들[10]이 내가 맺은 협정에 동의하지 않았기 때문이다. 암브로지우[11]를 속여 억류한 것도 내가 아니라 다른 동료가 꾸며낸 짓으로, 내 서명을 위조한 편지를 보내 (앞에서 언급했듯이)[12] 황제를 위해 암브로지우를 베이징으로 보내라는 명령을 내리도록 한 것이다. 암브로지우는 4~5개월 안에 베이징에서 커다란 명예와 황제의 은총을 받아 돌아올 것이니 걱정하지 마라"고 말했다.

심유경은 또 "나는 군대에 포함돼 있어 더 이상 할 수 있는 바는 없지만 과거의 행위에 동의하지 않았다는 증거로 절대로 아고스티뉴와 싸우지 않았음을 들 수 있다. 붉은 깃발을 든 장수 하나가 병사들을 데리고 떨어져 있는 것을 항상 보았을 것이다. 그가 바로 나다. 아고스티뉴가 협상 재개를 원한다면 나는 그러할 준비가 돼 있다"면서 일본군이 평화적으로 철수하도록 아고스티뉴에게 충고했다. 그는 덧붙여 "일본군이 중국군보다 더 용감하고 무기와 전력 면에서도 우수하며 그 외 더 많은 장점으로 말미암아 중국군은 열세일 수밖에 없으나 중국 병사들의 수는 헤아릴 수 없이 많으며 본국에서 싸우는 것과 다름이 없다. 그리고 육로로 온 군대 외에도 해로로 강력한 함대를 파견해 일본에서 조선으로 오는 통로를 차단할 것이다. 반면에 일본군은 중국군보다 수적으로 열세하고 본국에서 떨어진 채 징기간의 전쟁을 치르면서 지쳐 있으며 식량도 떨어졌기 때문에 전쟁에서 패할 수밖에 없을 것"이라고 했다. 심유경은 아고스티뉴에게 이러한 상황들을 하나하나 확인해 잘 결정할 것을 요청했다.

아고스티뉴는 전갈을 읽은 뒤 관백이 조선 정복에 대한 임무를 맡긴 네 명의 주요 장수들[13]에게 전갈의 내용을 알렸다. 그들도 마찬가지로 매우 장기간의 전쟁으로 지쳐 있어서 고향으로 돌아가고 싶어했으며, 관백이 조선 일부를 차지하게 되면 조선에 자기들 중 누군가를 남겨 둘 것인가에 대해 두려워하고 있었고, 식량과 군수품이 부족한 문제도 염려하고 있었다. 게다가 얼어붙은 눈 때문에 항해할 수 없는 계절인 겨울이므로 해로든지 육로든지 여름이 올 때까지 관백이 지원해 줄 수는 없을 것으로 보였다. 더욱이 그들은 중국 병사들이 이전에 생각한 것과는 다르다는 것을 실제로 안 뒤 중국군에 대해 두려움을 갖게 되면서 심유경의 협상에 응하기로 결정했다.

그러나 다른 한편으로 관백은 협상 조건들이 자신에게 명예스럽지 않다면 동의하지 않을 것이기 때문에 관백의 체면을 세울 방법을 마련하고 이를 통해 모든 일본군을 일본으로 철수시키는 방법이 아니면 관백을 설득시킬 만한 다른 방도는 없어 보였다. 이러한 이유로 그들은 자의가 아닌 강제적으로 조선에 있는 것이어서 화평을 간절히 원하고 있다고 심유경에게 답하면서, 이에 대한 이유와 앞서 말한 사정을 분명하게 말했다. 그리고 이를 성사시키려면 관백이 체면을 유지하면서 이 전쟁을 포기할 수 있도록 하나의 좋은 방도만이 필요한데, 이것을 심유경은 협상할 수 있다고 했다. 그들은 심유경에게 좋은 방법 중 첫 번째로 지금 심유경이 자신의 진영에서 두 명의 사절을 관백에게 파견해 화평을 요청하는 것이고, 두 번째는 중국 황제의 명으로 베이징에서 다른 사신들을 파견케 해 과거 일본과 중국 간에 행하던 교역을 다시 일본인들에게 허가하고 특히 지금까지 쓰시마와 조선 간에 있는 교역 규모를 크게 증가시켜 조선에서 약간의 공물이나 그와 유사한 것들을 바치게 함으로써 관백이 군대를 철수시킬 수 있도록 유도하는 것이라고 알려 주었다.

그리고 악마가 혼란과 반항을 선호하며 평화를 증오하듯이 이에 가장 근접하고 들어맞았다고 할 수 있는 결정을 바로 도라노스케가 결정했다. 정적인 아고스티뉴가 거둔 승리를 시기하고 있던 도라노스케는 아고스티뉴가 중국군과 협상하고 있다는 사실을 알고는 이를 방해하려는 방법을 구상해 중국군에게 편지 한 통을 보냈다. 편지에서 도라노스케는 아고스티뉴 및 다른 장수들은 그와 같은 중대사를 결정할 사람들이 못 된다면서 중국 측이 아고스티뉴 측을 통해 강화 협상을 논의하는 것은 그다지 권하고 싶은 일이 아니라며 아고스티뉴에 대해 불명예스럽고 모욕적인 말들을 늘어놓았다. 그러면서 중국군이 협상하기를 원한다면 이를 성공적으로 처리할 수 있는 자신을 통해 하는 것이 좋다고 말했다. 그러나 상황 판단이 뛰어난 중국인들은 도라노스케가 다른 장수들과 불화 상태에 있으며, 다른 감정이나 증오심에 휩싸여 이러한 태도로 말한 것을 즉시 간파하고 도라노스케의 의견을 거의 무시했다. 심유경은 중국 측이 평양에서의 협정을 지키지 못한 점에 대한 사과의 표시라면서 도라노스케가 중국 장수들에게 보낸 편지를 아고스티뉴에게 보냈다. 아고스티뉴는 매우 기뻐했으며 그 편지를 다른 장수들에게 보여주는 한편 나중을 위해 편지를 보관해 뒀다.

 심유경은 아고스티뉴가 전갈을 통해 전해온 내용이 합당한 것으로 보고 즉시 두 명의 대신大臣을 나고야로 파견했으며, 아고스티뉴는 세 명의 주요 장수들과 함께 이들을 직접 나고야로 데려갔다.¹⁴

 이처럼 심유경과 협상을 한 뒤 일본군은 곧바로 조선의 수도와 그 외 일부 성을 중국군에게 넘겨주면서 주력 부대가 주둔해 있고 관백이 해로를 통해 조달한 식량과 군수품이 충분히 있는 해안 지대로 철수했다. 심유경 자신도 중국 측 사신을 비롯해 아고스티뉴 및 일본의 장수들과 함께 조선의 첫 번째 항구인 부산포까지 동행하고 그곳에서 관백으로부터 회답을 기다렸다.

중군군은 서울을 점령하고 수비대를 배치했다. 그러자 이 기회를 통해 중국군이 조선을 차지한 이후 중국에 병합해서 다른 왕국들에 대해 해왔듯이 중국 대신들로 관리하게 하고 조선 국왕은 어느 한 곳에서 여생을 편히 보내도록 할 것이라는 소문이 나돌았다.

중국 측 사신들을 데리고 조선에서 출발한 아고스티뉴는 나고야에 도착했다. 관백은 이들을 크게 환대하며 맞이했다.[15] 관백은 궁정의 주요 무장들 앞에서 아고스티뉴가 적들에게서 거둔 주목할 만한 승리는 물론 중국 사절 파견을 교섭한 그의 지혜와 뛰어난 판단력에 대해서 대단히 칭찬했다. 관백은 아고스티뉴에게 상당량의 은과 종래의 녹(祿)에 더한 상을 내렸다. 중국 측 사신들에게는 의식과 잔치를 베풀며 후하게 접대하고 사신 각자에게는 1,000크루자두[16]에 달하는 은화, 그들의 가신들에게는 각자의 지위에 따라 적당량의 은화를 주었다. 또한 중국 사신들이 이곳에 머무는 동안 관백은 일본 관습에 따라 그들에게 매일 성대한 향응을 베풀었다.

아고스티뉴는 관백의 기분이 좋은 데다 자기에게 베풀어준 환대를 기회로 삼아 도라노스케가 자신과 다른 주요 장수들에 대해 중국군 앞으로 보낸 편지를 보여주었다. 관백은 도라노스케에 대해 분노를 터뜨렸고 그에게 거친 어조의 전갈을 보내 도라노스케는 물론 편지를 작성한 서기에게 나고야로 올 것을 지시했다. 관백은 히고국(肥後國)

에 있는 구마모토(熊本)"라 불리는 도라노스케의 성에 다른 가신들을 보내고 그 밖에 유사한 조치를 취하려고 결정했다. 그러나 본래부터 도라노스케에 대한 애정이 컸고 조선 정복을 위해 매우 용감히 싸운 것을 알고 있어서 그에 대한 노여움은 점차 누그러졌으며 아직까지 도라노스케의 신상에 대한 변화는 없다고 전해진다.

주

1 역주.
2 역주.
3 평양성平壤城에서 패전한 이후 1593년 1월 21일 일본군 전체가 서울로 집결했다.
4 모리 데루모토(毛利輝元)를 가리킨다.
5 일본군의 평양성 패배와 서울 집결을 의미한다.
6 오토모 요시무네(大友義統)를 가리킨다.
7 모리 데루모토(毛利輝元)를 가리킨다.
8 오토모 요시무네(大友義統)를 가리킨다.
9 프로이스는 1593년 1월 27일 서울 인근 벽제관碧蹄館에서 벌어진 전투를 언급하고 있다.
10 송응창宋應昌과 이여송李如松을 가리킨다.
11 다케우치 기치베에(竹內吉兵衛)를 가리킨다.
12 프로이스주.
13 주제 위키는 이 네 명의 장수를 Kuki Yoshitaka, Tôdo Takatora, Konishi Yukinaga (Agostinho), Katô Kiyomasa로 보고 있다. 한편 국립진주박물관본은 우키타 히데이에(宇喜多秀家), 이시다 미쓰나리(石田三成), 마시타 나가모리(增田長盛) 등의 3봉행과 하세가와 히데카즈(長谷川秀一) 등으로 파악하고 있다. 국립진주박물관본(292쪽 참고), 강병구본(81쪽, 77장 미주 1) 참조.
14 고니시 유키나가(小西行長)와 이시다 미쓰나리(石田三成)는 명나라 사신들을 대동하고 1593년 5월 8일 부산釜山을 출발해 1593년 5월 15일 나고야(名古屋)에 도착했다.
15 도요토미 히데요시는 1593년 5월 23일 중국 사절단을 접견했다.
16 크루자두cruzado: 포르투갈 화폐 단위로 16세기에는 약 360 réis, 17세기에는 약 400 réis의 값을 가졌다. 헤이스réis는 헤알real의 복수. Sanjay SUBRAHMANYA (trad.) Paulo Jorge Sousa PINTO, O Império Asiático Português, 1500-1700: uma história política e económica, Lisboa: Difel, 1995, "Glossary" 참고.
17 원문 'Cumanmoto'.

제 79 장

관백이 중국 사절에게 준 회답과 이후 아고스티뉴가 조선군에게 거둔 빛나는 승리와 성공에 대해

아고스티뉴는 같이 온 세 명의 장수[1]들과 함께 관백이 조선 일부를 차지할 수 없으며 그 이유는 중국 측이 절대 허락하지 않을 것이라는 점을 관백에게 좋은 방향으로 설득시키도록 노력했다. 그러나 이전에 중국군의 위력에 대해 이야기를 들은 적이 있는 관백은 이 점에 대해서 이해하고 있었으나, 중국의 사신들이 나고야에 온 것을 보고는 중국군이 조선의 서울에서 일본군을 포위했을 때의 위급한 상황은 잊고 이를 이해하려 하지 않았다. 오히려 조선 일부와 다른 권리들을 그에게 양도해 줄 것과 그렇게 하지 않을 경우 그가 직접 적군 모두를 상대

로 전쟁을 벌일 것이라고 말했다.

관백은 중국 측 사신들에게 베이징으로 귀환하면 황제에게 다음과 같이 자신의 전갈을 알리라고 했다.[2] 첫째 중국 황제가 가진 조선의 5개 지방을 일본 관백인 자기에게 넘겨줄 것, 둘째 화평의 표시로 황녀 한 명을 자신의 아내로 삼도록 보낼 것, 셋째 과거 일본인들이 중국과 행하던 교역을 허가할 것, 넷째 일본에 충성과 예속의 표시를 할 것. 관백은 이 밖에 유사한 조건들을 제시하면서 이에 대한 회답이 도착할 때까지 전쟁을 중단하겠다고 말했다. 이를 위해 나이토 주앙[3]이라고 불리는 아고스티뉴의 주요 장수 한 명을 중국 사신들과 함께 베이징으로 파견했다.

관백은 중국 측에서 이러한 조건들을 받아들일지 확신할 수 없었으며, 자신의 세력을 최대한 과시하기 위해 조선 내 해안과 가까운 곳에 모두 12개의 성을 축조하도록 명령했다. 이를 위해 관백은 조선에 있는 간베에[4] 앞으로 전갈을 보내고 휘하 장수들로 하여금 아카쿠니(赤國)[5], 즉 붉은색 지방을 공격해 점령한 뒤 겨울을 날 수 있도록 그곳에 성을 쌓을 것을 명령했다. 조선에 있는 장수들은 우선 성을 축조하고 나서 앞서 말한 지방을 공격하는 것이 나을 것으로 판단하고, 이러한 내용을 가지고 간베에와 다른 중신을 관백에게 보냈다.

조선에 있는 무장들의 이러한 답신과 의견은 관백의 노여움을 불러

들였다. 관백은 이들을 비겁자라고 부르면서 적어도 한 번이라도 그 지역을 공격한 이후 자신에게 답신을 보냈어야 했다고 격노했다. 관백은 간베에에 대해서 굉장히 화를 내면서 그를 만나려고 하지도 않았고 그의 녹(祿)과 저택들을 몰수했다. 간베에는 자신의 권력 및 명예와 지위, 그리고 그 오랜 시간 동안 전쟁터에서 쌓아온 공훈의 모든 것이 물거품처럼 사라졌다면서 삭발을 하고 '물과 같다'라는 뜻의 '조스이(如水)'[6]라고 이름을 바꿨다. 그러고는 자신의 아들[7]이 있는 곳이 더 적절하다고 판단하고 조선으로 돌아갔다. 간베에는 관백의 인정을 받으려는 의도는 없이 다만 관백이 자기를 만나주기만을 바랐다. 자신은 이미 나이가 들었기 때문에[8] 아들의 영지인 부젠국(豊前國)에서 은거하면서 구원과 같은 일에 전념하기를 희망하고 있기 때문이라고 했다.

관백은 앞서 언급한 12개의 성에 모두 시모(下) 출신인 4만 7,000명의 수비병을 배치하고, 야마구치의 모리에게는 모든 종류의 군수품 및 무기와 식량은 물론 장작과 숯과 채소 종자까지 제대로 갖춰 병사들을 보냈다. 그리고 중국으로부터 답신이 도착해 전쟁을 계속할 필요가 있는지를 알 때까지 나머지 군대들을 일본으로 철수시킬 것을 결심했다.[9]

또한 조선 국왕과 가까운 친척 사이이며 해안 지대에 주둔하고 있는 장수 하나가 가끔 일본군에게 해를 입혔기 때문에 관백은 그에게 복수하기로 했다. 그리하여 관백은 전군全軍을 철수시키기 전에 그 조선 장수가 주둔하고 있는 주요 성을 공격해 모든 것을 불사르고 죽이도록 명령했다. 일본군은 용감하게 이 명령을 그대로 수행했다. 조선군이 성을 매우 견고하게 구축하고 오랜 시간에 걸쳐 전쟁을 준비했지만 일본군은 성에 침투해 조선 장수의 머리를 베었다. 일본군들은 장수의 수급首級을 그와 같이 성에 있던 조선 측 주요 장수들의 머리와 함께 관백에게 보내고 나머지 병사들을 불태워 죽이거나 포로로 삼았다. 일본군은 사전에 심유경에게 아카쿠니(赤國)라고 불리는 지방의 성[10]을 공격할 것이라고 알려줬다. 심유경은 조선군에 대해 적의가 있었고 강화 협상은 오직 중국과 일본 사이의 문제라고 판단하고 모든 중국 병사와 함께 외곽으로 철수하고 조선군만이 일본군과 싸우도록 했다. 이러한 승리의 소식을 접한 관백은 나고야성에 충분한 수의 수비병만을 배치한 채 모든 군대를 이끌고 교토로 돌아갔다.[11]

아고스티뉴는 이러한 조선 정복의 과업을 위해 항상 온 힘을 다해 매우 용감하게 싸웠다. 적과 치른 모든 전투에서 그랬던 것처럼 이번 아카쿠니 성을 함락할 때도 승리의 행운이 따랐다. 다른 모든 장수는 아고스티뉴보다 며칠 앞서 그곳에 도착해 성에 더 쉽게 침투할 수 있는 유리한 장소를 모두 차지하고 있었다. 아고스티뉴는 심유경과 함께 베이징으로 향하는 나이토 주앙과 동행했기 때문에 전투가 있기 이틀 전에야 성에 도착했다. 그리고 자신의 진영을 설치하는 장소로 오직 한 군데의 자리밖에 발견하지 못했다. 그 자리는 바로 다른 장수들이 성 진입이 매우 어렵고 불가능하다고 보고 내버려둔 곳이었다. 그렇게 불리한 장소에 있음에도 고작 이틀 동안이었지만 부지런히 준비해 전투 당일 제일 먼저 성에 들어가 그곳에 있는 최고위 장수를 죽였다. 그 장수의 수급을 관백에게 보냄으로써 아고스티뉴는 관백과 모든 궁정의 대신들로부터 커다란 명예를 얻었다.

아카쿠니 성을 함락시키고 나서 모든 일본군은 겨울을 나도록 성을 축조하라고 관백이 명령한 대로 성을 쌓기 시작했다. 일본군은 이미 평양성에서 겪은 바가 있었으므로 아주 튼튼한 성채를 쌓으려고 노력했다. 그들은 일본식 석성石城을 축조했고 성벽과 능보稜堡에는 모두 흰색의 회반죽을 발랐다. 또 천수각天守閣[12]이라고 하는 높은 각루角樓를 만들면서 각자 온갖 정성을 기울여 남보다 더 나은 성채를 만들려고 노력했다. 성이 모두 완성되고 나서 세 명의 주요 장수는 관백으로부터 부여 받은 임무대로 1594년 9월까지 버틸 수 있도록 충분한 양의 식량과 군수품을 분배했다. 그리고 이 성에는 앞서 언급한 시모(下) 출신의 4만 7,000명만 남기고 나머지 모든 병사는 일본으로 돌아갔다. 돌아간 이들은 일본 수도에 인접해 있는 영국 출신으로 '가미시유(上衆)'[13], 즉 '위쪽 지방 사람'이라고 불린다.

그리고 얼마나 많은 일본군 병사가 일본에서 조선으로 건너갔으며 이들 중 전쟁으로 죽은 사람이 얼마나 되는지를 알고 싶어서 이를 열심히 조사한 결과 가장 확실하고 정확하게 병사와 짐꾼을 포함해 15만 명이었다. 이 중 3분의 1인 5만 명이 죽었으며, 적에게 죽은 자는 적고 대부분이 단순 노역이나 기아 및 추위와 질병으로 죽었다.

조선 측의 사상자 수는 알 수 없으나 죽은 자와 포로가 된 자의 수는 일본 측과 비교할 수 없을 정도였다. 교토나 다른 지역으로 끌려간 자들을 제외하고 이곳 시모(下)에 있는 포로만 하더라도 그 수가 헤아릴 수 없을 정도로 많았다.

일본군이 그들의 새로운 성에 배치를 끝냈으며 중국군 측 역시 일본군 성으로부터 내륙으로 이틀 거리에 쌓은 그들의 성에 군대를 배치했지만 일본군과 중국군 사이에는 어떠한 전투도 벌어지지 않았다. 심유경과 아고스티뉴 사이에는 강화 협상에 관한 전갈이 수차례 오고 갔다. 그러나 어떠한 종결도 이뤄지지 않았다. 한편 이러한 상황을 지켜본 일본군은 중국군이 인접한 거리에 주둔해 있음을 알고는 이 모든 것이 육로로는 대군大軍, 해로로는 함대를 집결해 자신들이 원하는 대로 협정을 체결하거나 그곳에서 모든 일본군을 죽이려는 술책이며 속임수일 수도 있다고 의심했다. 그런데 아고스티뉴와 함께 웅천에 머물던 세스페데스 신부가 작성한 1594년 2월 7일자[14] 서신에 따르면 중국군은 중국에 머무는 나이토 주앙 대신 인질로 주요 인물 한 사람을 아고스티뉴에게 보내왔다. 그리고 며칠 전에는 심유경의 전갈이 도착했고, 나이토 주앙의 가신들은 나이토 주앙의 편지들을 가지고 왔다. 또 아리마(有馬)에 있다가 나이토 주앙의 역관으로 함께 간 가톨릭교도인 중국인 한 명도 도착했다. 심유경은 전갈을 통해 "중국 황제가 이번 강화 협상과 관련해 이곳 베이징에서는 내가 제시한 모든 사항에 관백이 동의하는 편지를 요구하고 있다. 지금까지 본인이나 나이토 주앙이 관백의 편지나 신임장을 가져오지 않았기 때문에 황제로부터 신임을 받지 못하고 있다. 이러한 연유로 나이토 주앙은 베이징에 아직 도착하지 않았으며 조선과의 국경 지대로부터 중국 내륙으로 7일 여정의 거리에 있는 한 도시에 억류돼 있다"고 말했다.

심유경은 "중국 황제는 일본과 강화를 원하고 있다. 그러나 일본의 왕위는 일본의 진정한 국왕을 가리키는 다이리(內裏)인데 관백은 이러한 지위에 있지 않다. 중국의 황제가 강화 사절을 파견하고 관백과 협상하려면 일본 다이리의 지위에 해당하는 중국의 황제가 베이징으로부터 왕관과 면복冕服을 보내어 관백을 직접 일본 국왕에 책봉할 것이다. 이렇게 하여 관백과 협상할 것이고 관백이 3년마다 중국으로 사절을 파견한다면 중국의 황제 역시 그렇게 할 것이다. 그리고 그에게 통상을 허가할 것"이라고 덧붙여 말했다. 그러나 세스페데스 신부는 관백이 제시한 그 밖의 다른 조건들에 대해서는 어떠한 언급도 하지 않았다.

나이토 주앙은 아고스티뉴에게 보낸 편지에서 "중국인들은 진실을 말하고 있으며 강화를 원하는 것으로 생각된다. 이에 대한 증거 중 하나는 바로 조선에 있는 중국 군대가 중국으로 돌아온 것"이라고 밝혔다. 이 점에 대해서는 나이토[15]의 편지를 가져온 그의 가신들과 역관도 사실이라고 분명하게 말했다.

나이토는 이에 덧붙여 중국군들이 자신을 무척 환대해 주고 있다고 언급하면서 (이전에 언급한 대로)[16] 중국군이 평양성을 공격하기에 앞서 신의를 저버리고 억류한 아고스티뉴의 근신 암브로지우가 현재 머무는 베이징으로부터 자신에게 몇 통의 편지를 보내왔는데 아주 잘 지내고 있으며 중국인들은 그를 예우하고 환대하고 있다고 전했다. 아고스티뉴는 자신의 가신 한 명을 관백에게 보내 심유경으로부터 받은 이러한 전갈의 내용을 보고하도록 지시하고 중국 측에서 요구하는 신임장과 편지를 요청했다. 관백의 답신 내용에 대해서는 아직 알지 못한다.

조선에서의 이 전쟁에 대해 관백이 가진 의도는 조선을 정복해 새로 관백으로 임명한 조카[17]와 일본에서 자기에게 반기를 들 가능성이 있는 모든 이를 함께 그곳으로 보내려는 것으로 여겨진다. 그러나 자

제79장 **143**

신이 의도한 대로 이뤄지지 않자 조카에게 넘겨준 천하[18]의 통치권을 되찾으려고 다음과 같은 술책을 쓴다고 한다. 시난해 관백은 아들[19]을 하나 보았는데, 곧바로 아들과 조카인 관백의 딸과의 결혼을 언약했다. 그리고 조카 관백에게 이제 자신이 가진 태합太閤[20]의 지위를 물려주기를 원하며, 대신 그가 가진 관백의 지위를 자신의 아들이자 그의 사위에게 이양하기를 원한다고 말했다. 또한 관백 자신은 자기 아들의 후견인이 돼 아이가 성인이 될 때까지 천하를 다스릴 것이며, 그의 조카는 여기에서 제외될 것이라고 한다.

관백은 교토에서 2레구아 떨어진 한 지역에 건물을 지을 장소를 결정했고, 현재 그곳에 대단히 웅장한 건물들을 짓고 있다.[21] 그리고 일본의 모든 주요 영주에게 그곳에 각자 저택을 지으라는 명령을 내렸다. 이는 축조 작업과 관련해 그들을 바쁘게 만들어서 모반을 계획할 시간을 갖지 못하도록 하려는 것이었다.

동 프로타지우[22] 영주의 형이며 이교도인 하타(波多) 영주는 히젠국(肥前國)에 자신의 영지가 있었는데, 이미 앞에서 언급한 대로 관백이 영내領內 나고야라고 불리는 한 항구에 궁전 및 성과 시가지를 축조한 것이다. 이 하타 영주는 조선으로 건너가서 아프다는 핑계로 웅천에서 더는 앞으로 나가려고 하지 않았다. 이러한 일로 그는 세 명의 장수들에게 고발당했고, 그들은 이 일에 대해 조선에서 관백에게 편지를 보냈다. 그동안 어떠한 구실이나 조그마한 흠을 잡아 그가 하카타[23]에 대해 가진 녹祿과 영지를 몰수하기를 고대하고 있던 관백은 이러한 기회가 온 것에 매우 기뻐하면서 오직 8명의 종자만을 딸리게 하여 가이노카미(甲斐守)[24]에게 그의 신병을 맡김으로써 그를 곧바로 유배를 보내고 하타 영지로부터 받은 녹은 데라자와(寺澤)[25]에게 주었다.

또한 관백은 사쓰마국(薩摩國)과 인접한 이즈미(和泉)[26]의 영주가 아프다는 구실로 허락도 없이 조선으로부터 귀국했다는 사실도 알게 됐다. 관백은 이번 기회를 하타 영주의 일 못지않게 기뻐했다. 이즈미의 영주로부터 녹을 몰수하고 앞서 말한 데라자와를 관리자로 임명했으며, 그를 8명 또는 10명의 종자만을 딸리게 하여 아고스티뉴에게 맡겼다.

휴가노카미(日向守)[27]라 불리는 사쓰마국 영주[28]가 조선에서 목숨을 잃었다. 이에 대해 말하기를 관백은 사쓰마국 전체에 대해 자신이 원하는 대로 할 수 있게 됐다는 것이다. 그리고 조선에 주둔하고 있는 사쓰마국 출신 병사들은 거의 아고스티뉴 휘하에 있는 것이나 다름이 없었다.

오슈(奧州) 영주인 다테[29]는 반도[30] 지역의 주요 영주들 중 한 사람으로서 강력한 세력과 많은 부하를 거느린 것으로 항상 명성을 떨쳤다. 관백의 세력이 강대해지고 일본 전체의 절대군주가 되고 난 지금 이 불쌍한 영주는 관백의 궁정에서 총애는커녕 제대로 기세도 펴지 못하고 있다. 몇 년 전 관백은 다테에게 다음과 같이 말했다. "나는 네가 나를 배신하려고 한다는 것을 아주 잘 알고 있기 때문에 너를 죽여야 마땅하다. 그러나 네가 나고야로 가서 그곳에서 조선으로 건너갔으며 일을 훌륭히 해냈기 때문에 목숨은 살려두기로 하겠다. 그러나 나는 네가 오슈로 돌아가는 것을 원치 않는다. 이곳에서 내 가까이 있도록 하여라." 어떤 사람들은 관백이 그의 녹을 몰수했다고 말하고, 다른 이들은 그렇지 않았다고 말한다. 그러나 이미 그의 녹을 몰수했거나, 아니면 멀지 않아 그렇게 할 것으로 보인다.

아래는 조선에 있던 한 가톨릭교도에게 일어난 일인데, 주목할 만한 것이어서 여기에 언급하기로 하겠다. 모든 일본군이 조선에서 겪은 노역과 빈곤, 극도의 궁핍함, 질병, 불편함은 의심할 여지가 없을 정도로 극심한 것이었다. 그리고 병이 들어도 모든 치료약이 떨어졌으며 간호를 받을 수도 없었기 때문에 죽음을 면한 자가 거의 없었다.

조선으로부터 한 사람이 아마쿠사(天草) 신학교를 찾아왔는데, 자신이 태어난 시골에 조그만 교회를 세우고 싶다는 갸륵한 마음에서였다. 그리고 그곳에서 평생을 우리 주 하나님을 섬기는 데 바치겠다고 했다. 그에게 이유를 물으니 다음과 같이 대답했다. "주님께서 기적적이고 놀라운 방법으로 저를 죽음으로부터 구원해 주셨기 때문입니다." 이 남자는 조선에서 심한 병에 걸렸을 때 어떠한 인간적인 보호도 받지 못하고 있었다. 그는 완전히 버림 받은 처지에 있음과 자신을 그토록 궁핍한 상태에서 구원해 줄 수 있는 것이 아무것도 없음을 깨달았다. 그런데 그가 건강했을 때 가지고 기도를 올리던 묵주가 떠올랐고, 그것이 자신의 육체를 버틸 수 있게 도와주고 건강을 되찾게 해주는 힘을 가진 것이란 생각이 들었다. 포기한 상태에 있던 이 남자는 그러한 믿음을 가지고 묵주를 먹기 시작했는데, 우리 주님이 그를 불쌍히 여기시어 오직 묵주 외에는 어떤 것도 입에 대거나 삼킨 것 없이 며칠 동안 목숨을 유지하게 해주셨으며, 단지 이 약으로만 병을 고치시고 건강을 되찾게 해주셨다.

주

1 이시다 미쓰나리(石田三成), 마시타 나가모리(增田長盛), 오타니 요시쓰구(大谷吉維)를 가리킨다.
2 도요토미 히데요시가 명나라 사신에게 제시한 화건칠조和件七條의 강화조약안을 의미한다.
3 나이토 조안(內藤如安)을 가리킨다.
4 구로다 요시타카(黑田孝高) 또는 구로다 간베에(黑田官兵衛)로 불린다.
5 전라도全羅道를 가리킨다. 제71장 참조.
6 원문 'josuy'.
7 구로다 나가마사(黑田長政)을 가리킨다.
8 당시 47세였다.
9 도요토미 히데요시는 1593년 8월 6일(음력 6월 26일) 일본군 철수를 명령했다.
10 진주晉州를 가리킨다.
11 1593년 8월 20일 도요토미 히데요시가 나고야성(名古屋城)을 떠나 교토(京都)로 귀환했다.
12 천수각. 성의 중심 건물에 축조한 가장 높은 망루로서, 전국 시대 이후 일본성의 중심 존재가 된 건축물을 말한다.
13 원문 'camixus'. 교토(京都) 일대 지방을 가키는 말로 규슈(九州)를 의미하는 '시모(下)'와 대립한다.
14 프로이스의 『일본사』에서 마지막으로 언급된 날짜이다.
15 원문 'Naitodono'.
16 프로이스주.
17 도요토미 히데쓰구(豊臣秀次)를 가리킨다.
18 원문 'Tenca'. 텐카(殿下).
19 도요토미 히데요시의 차남인 도요토미 히데요리(豊臣秀賴)를 칭한다. 1593년 8월 29일에 태어났다.
20 원문 'Taicosama'.
21 후시미성(伏見城)을 가리킨다.
22 아리마 하루노부(有馬晴信)를 가리킨다.
23 원문 'Facata'. 프로이스는 Fata 또는 Facata 등으로 표기하고 있는데, Fata가 올바른 표기다.
24 구로다 나가마사(黑田長政)를 가리킨다.
25 원문 'Terazava'. 나가사키(長崎)를 지배하던 데라자와 히로타카(寺澤廣高)를 가리킨다.
26 원문 'Yzumi'. 국립진주박물관본은 '이즈미'의 한자를 '出水'로 표기하고 "지금의 가고시마현 북서부에 있는 지명"으로 판독하고 있다.(국립진주박물관본 315쪽 참조) 그러나 오사카(大阪) 남부 지역을 의미한다.
27 원문 'Fiuganocamidono'.
28 시마즈 히사야스(島津久保)를 가리킨다.

1593년 9월 조선에서 병사한 것으로 알려졌다.
29 원문 'Dute'. 다테 마사무네(伊達政宗)를 가리킨다.
30 원문 'Bandou'. 딱히 어느 지역을 가리키는지는 불분명하다.

제 80 장

관백이 명령한 몇 가지 일에 대해[1]

관백이 나고야로부터 교토로 돌아오고 나서[2] 오사카 승려[3]의 어머니와(그의 아버지는 이미 죽었다)[4] 부인되는 자가 이 승려에 대한 불만을 관백에게 호소하는 일이 일어났다. 어머니란 사람의 불만은 자신의 아들이 이 땅에서는 아미타불처럼 존경받고 있지만 자신을 거들떠보거나 자신에게 순종하지 않는다는 것이었다. 그리고 부인되는 사람은 그가 많은 여자를 거느리고 생활이 문란하다는 것이었다.

일본에서 절대적 권력을 가진 관백은 이러한 불만을 듣고 승려의 명예와 지위를 박탈하고 교토 근처의 한 지역으로 귀양 보내는 한편 승려의 가옥과 명예, 지위를 그의 형제 중 한 사람에게 주었다.

관백은 나고야에 있는 동안 주술 행위를 하는 음양사陰陽師들이 오사카성의 여자들로부터 어떻게 10개의 금괴를 받아냈는지 알게 됐다. 이 사실에 관백은 대단히 분개해 영내의 모든 음양사뿐 아니라 큰 악마이자 매우 숭배 받는 탑인 단고5로 보시를 구하러 가는 사람을 모두 불러들였는데, (소문에 따르면)6 그 수는 800명에 달했다. 분고국(豊後國)의 거주민 수가 매우 적다는 이야기를 듣고 이들 모두를 농사꾼으로 일하도록 그곳으로 보냈다. 그리고 이들에게 앞으로 어떠한 주술이나 요술 행위를 부리지 말 것을 명령하고, 이들 모두를 아주 큰 도둑이라고 불렀다.

관백의 궁전 안에 있는 여인들 사이에서도 수많은 불화가 있었기 때문에 남녀는 물론 승려까지 많은 사람이 처형됐다. 관백은 왕비7의 시녀인 막달레나에 대해서는 그러한 문제에 관련되지 않는다는 것을 잘 알고 있다고 말했다. 이것은 그녀가 가톨릭교도로서 품행이 바르다는 점을 시사하는 것 같았다. 30명이 넘는 자들이 화형이나 참수형을 당했다.

얼마 전 관백은 교토에 있는 절을 지나게 됐다. 그는 예전에 교토 내에 있는 절들을 근교로 이전시켜 다시 짓도록 했는데 이 절들의 상태가 매우 양호한 것을 보고는 다음과 같이 말했다. "승려라는 이 자들은 매우 풍족한 생활을 영위하고 있고, 병사들은 조선에서 싸우고 목숨을 잃는다. 이 승려들은 뒤에서 자신들이 거느린 여인들과 수많은 악행과 음탕한 짓을 한다. 나는 이들을 조선으로 보낼 것이다." 이 말에 승려들은 큰 두려움에 떨었다. 교토의 태수인 겐이호인[8]은 승려들에게 '각자 반성하고 좋지 않은 행실을 고치라' 는 전갈을 보냈다. 그리고 교토의 백성들에게도 같은 내용의 전갈을 보냈다. 또한 이들 가운데 많은 재산을 소유하고 풍족한 생활을 누리는 한 사람에게 처형 지시가 내려졌는데, 겐이호인의 호의로 많은 액수의 돈을 바치고 목숨만은 부지할 수 있었다.

관백은 매우 가식적이고 사악하며 짐승과 같은 육욕에 빠져 있어 자신의 궁전 안에 200명 이상 여인을 거느리고 있으면서도 교토와 사카이(堺)의 백성과 관료들에게 아직 혼인하지 않았거나 과부인 딸이 있으면 그에게 데려오도록 명령했다. 용모가 수려한 여인은 대부분 관백에게 끌려갔다. 이 불행한 폭군은 이미 60세의 나이[9]를 넘기고 있었다. 관백은 이들 모두를 자신의 성에 잡아 두는 것이 아니라 하루 이틀 정도 데리고 있다가 집으로 돌려보냈으며 이들 중 자기를 즐겁게 해주는 여성은 보다 오랫동안 데리고 있었다.

관백은 그가 거느리고 있는 한 여인이 병들자 그곳을 떠나 치료받도록 허락했다. 그 여인에게는 치료를 위해 은으로 44타엘[10] 또는 66크루자두[11]에 해당하는 황금 1마이(枚)[12]를 주었다. 이 여인은 곧 병이 나아 이제 자유로운 몸이 되어 자신이 원하는 대로 하도록 관백이 허락했다고 여기고 한 승려와 혼인해 아이를 낳았다. 이 여인은 관백이 시모(下)를 방문했을 때 단순히 환영의 인사를 하러 그를 만나러 갔다. 그러한 여인에게 관백이 현재 어디에서 살고 있는지를 묻자 그녀는 혼인했다고 대답했다. 관백은 이 사실에 대단히 노하고 이 여인과 남편을 체포하도록 명령했다. 그리고 그들을 허리 부분까지 땅에 묻고 밧줄로 기둥에 묶고서는 혹독한 고문을 가하도록 지시했다. 그리고 사흘 동안 대나무 톱으로 조금씩 그들의 목을 자르도록 했다. 그러나 그러한 식으로는 그들을 죽일 수 없었으므로 결국 관백은 그들의 목을 베도록 명했다. 또한 여인의 아이와 유모, 어머니까지도 산 채로 화형에 처하도록 명령했다.

사쓰마국(薩摩國) 영주인 휴가노카미(日向守)[13]가 조선에서 목숨을 잃은 뒤 이곳 영지는 하나님의 뜻에 놓이게 됐으며 관백이 원하는 대로 처리가 됐다. 조선에서 휴가노카미와 함께 있던 병사들은 아고스티뉴에게 종속됐다.

관백은 자신이 가진 절대적 권위와 강압적인 힘을 이용해 일본에 있는 모든 은광을 차지하고 (또한 그는 주요 광산 중 한 곳인 야마구치 영주 모리[14]의 은광도 차지하려 한다)[15] 그곳에 자신이 신뢰하는 관리들을 임

제80장 153

명했다.

관백은 오다 노부나가(織田信長)[16]의 손자[17], 즉 노부나가 장남의 아들에게 조선에서 죽은 삼촌의 유산을 물려주었다. 그러나 관백은 그의 세력이 강대해지지 않도록 하기 위해 그다지 많지도 않은 녹祿의 절반을 몰수했다.

겐이[18]는 일본에서 두 번째 또는 세 번째로 높은 지위에 있는 인물이다. 노부나가의 가신으로서, 관백이 교토로 돌아온 뒤 처음으로 자신의 아들 중 한 명에게 약간의 녹을 달라고 요청했다. 그러나 그의 아들은 처음에 관백에게 반대했으므로 관백은 그를 반도[19]로 귀양 보내고 그곳에서 적은 녹으로 살게 했다.

관백은 징고[20]라고 불리는 그의 처조카에게 하리마국(播磨國)[21]을 주었고 조카의 아버지 되는 이에게는 와카사국(若狹國)을 주었다.

주스토 우콘[22]은 나고야에 머무는 동안 뜨거운 물에 허브 가루를 넣어 마시는 차노유[23]에 전념했다. 그는 나고야의 주요 영주들은 물론 8개 영국의 영주인 이에야스[24]도 초대했다. 나고야궁에 있는 이들 모두는 그의 초대를 받는 것을 대단히 기쁘게 받아들였다. 주스토는 가끔 관백을 예방하면서 항상 기쁜 표정을 보여줬다. 한번은 데라자와의 집에서 연극을 하면서 그 또한 직접 배역을 맡았을 때, 주스토는 관백이 연극을 보러 오라고 초대한 이들 중 한 명이었다.

주스토는 나고야에서 대단히 어려운 생활을 했다. 그가 신세를 지는 3개 영국의 영주인 하시바 지쿠젠[25]이 그를 매우 하찮게 대하고 아주 형편없는 녹을 지급했기 때문이다. 그럼에도 주스토는 신부들이 나고야를 방문할 때면 신부들은 물론 그들을 동행한 이들을 접대하려고 했지만 그러기에는 가진 돈이 거의 없었다.

　한번은 그가 나고야에 있을 때 가가국(加賀國)에 있는 그의 집에 불이 났다. 집에는 그의 부인과 아들이 있었다. 불은 문에서 시작돼 번졌기 때문에 집 안에 있는 것은 하나도 건지지 못했으며 어느 누구도 집으로 들어가거나 나올 수가 없었다. 사람들이 뒷벽을 허물지 않았다면 사람들은 산 채로 불타 죽을 뻔했다. 주스토는 이 소식을 전해 들었을 때 프란시스코 파시오[26] 신부와 나고야에 있었는데, 주스토가 이를 의연하게 받아들이는 태도를 보고 파시오 신부는 매우 감탄했다. 주스토는 갈수록 많은 빚을 지게 돼 자신이 거느린 시종들을 떠나보내려고 했으며 언젠가는 좋은 기회가 오리라 기대하면서 가능한 한 이 어려움을 견디려고 했다. 올해 그는 루손[27]에서 온 사람들로부터 차를 보관하려고 점토 항아리를 한 개 구입했다. 항아리는 (　　)[28]크루자두에 해당하는 20타엘이나 그 이상의 은을 주고 산 것 같았다. 그가 지금 그것을 판다면 1,500크루자두는 받을 수 있을 것이다. 그리고 그가 구입하려다 만 또 다른 항아리를 구입했더라면 이보다 더 높은 값으로

팔 수 있었을 것이다.

늙은 산가(三ヶ)²⁹ 영주의 아들인 만시오(賴連)³⁰는 본래 이요국(伊予國)에서 관백의 조카³¹와 함께 있었는데, 이 조카는 대단히 잔인한 인물이었다. 그가 매우 사소한 일로 조선에서 만시오를 죽이려고 하자 만시오는 그를 피해 아고스티뉴 쓰노카미 휘하로 들어가서 삭발을 하고 아고스티뉴와 함께 일본으로 돌아왔다. 그의 아내와 자식은 이요국에 있었는데, 이 잔인한 남자가 틀림없이 그들을 처형하도록 지시할 것이 분명했으므로 만시오는 몰래 그곳으로 가서 밤에 누구에게도 들키지 않고 부인과 자식을 배에 태워 함께 피신했다. 폭군의 부하들이 곧바로 그의 뒤를 따랐지만 만시오는 교묘하게 몸을 숨겼으므로 발견되지 않았다. 그는 아마쿠사(天草)의 항구인 고쓰우라(上津浦) 항에 무사히 도착했다. 바로 아고스티뉴가 그곳으로 가라고 말했기 때문이었다. 만시오의 가족은 그곳에서 대단히 좋은 집과 식량과 시종들을 얻었다. 만시오는 아고스티뉴의 부름을 받아 그곳에서 조선으로 되돌아갔다.

주

1 프로이스는 주로 1593년에 발생한 일들을 중심으로 서술하고 있다.
2 1593년 9월.
3 혼간지(本願寺) 12대 주지인 교뇨(教如)를 가리킨다. 속명은 고주(光壽). 그의 아버지인 혼간지 11대 주지 겐뇨(顯如)는 오사카를 중심으로 도요토미 히데요시와 긴밀한 관계를 유지해 교력을 확장했다.
4 프로이스주.
5 원문 'Tango'. 교토(京都) 아타고산(愛宕山)에 있는 단고신사(丹後神社)를 의미한다.
6 프로이스주.
7 도요토미 히데요시의 정실인 기타노만도코로(北政所)를 칭한다. 기타노만도코로는 일본 귀족사회에서 왕(천황)이 섭정이나 관백의 부인에 대해 선지宣旨를 내리는 호칭이자 도요토미 히데요시의 정실을 가리키며, 이는 도요토미 히데요시로부터 비롯됐다. 도요토미 히데요시의 정실인 기타노만도코로의 본명은 고다이인(高台院)이다.
8 원문 'Guenifoin'. 마에다 겐이(前田玄以) 호인(法印)을 가리킨다.
9 도요토미 히데요시는 1536년에 태어났으므로 1593년에는 57세의 나이였다. 프로이스는 일본사의 다른 부분에서도 도요토미 히데요시의 나이를 실제보다 더 많은 나이로 언급하고 있다.
10 원문 'taeis'. 타엘Tael의 복수형으로, 포르투갈인들이 중국의 과거 화폐 단위인 냥兩을 가리켜 사용한데서 비롯됐다. 1타엘은 3분의 1온스에 해당한다. 과거에는 무게를 재는 척도로 거래를 했다. 외래어 표준 표기로는 테일로 하고 있다. 말레이어로는 타힐tahil이라고 한다.
11 원문 'cruzados'.
12 원문 'hum ichimay de ouro'. 이치마이ichimay는 한 닢을 의미하는 화폐 단위.
13 시마즈 히사야스(島津久保)를 가리킨다.
14 모리 데루모토(毛利輝元)를 가리킨다.
15 프로이스주.
16 원문 'Nobunanga'.
17 오다 히데노부(織田秀信)를 가리킨다.
18 원문 'Cuyey'. 마에겐이(前玄: 1539-1602)를 가리킨다.
19 원문 'Bandou'. 제79장에도 언급이 되고 있으며, 지명은 불확실하다.
20 원문 'Gingosama'.
21 원문 'Farima'. 주제 위키는 고니시 유키나가(小西行長)가 한때 하리마국(播磨國)을 다스렸다고 해석하고 있다.
22 원문 'Justo Ucondono'. 다카야마 우콘(高山右近: 1552-1615)으로 간주된다.
23 다도茶道.

24 원문 'Yyeyasù'. 도쿠가와 이에야스(德川家康)를 가리킨다.

25 원문 'Faxiba Chiqugen'. 마에다 도시이에(前田利家)를 가리킨다.

26 'Francisco Pasio'.(1554-1611). 이탈리아 출신. 1583년 7월 25일 일본에 도착했다 1600~1611년 일본 예수회 부관구장과 순찰사를 지냈고, 1612년 8월 마카오에서 사망했다. 일본어에 능통한 그는 도쿠가와(德川) 정권 출범 당시 일본 예수회 책임자로 봉직하면서 급변하는 일본 내정을 내부에서 관찰할 수 있는 극소수의 예수회 신부 중 한 사람이었다. 파시오는 도요토미 히데요시가 사망하자 도요토미 히데요시 임종에 관한 보고서를 작성해 예수회에 보고하기도 했다.

27 원문 'Luções'. 필리핀의 섬 이름이다.

28 프로이스는 공란으로 남겨뒀다. 1타엘tael은 1.5크루자두cruzado이므로 30크루자두를 말하는 것 같다.

29 원문 'Sangan(dono)'. 교토(京都) 남부에 있는 지역 이름이다.

30 원문 'Mancio'.

31 하시바 히데나가(羽柴秀長)로 추정하고 있다.(국립진주박물관본 326쪽 참고)

용어풀이*

1. 관직

다이리(內裏, Dairi): 일본 천황의 거처 또는 궁궐을 의미한다. 16세기에는 천황 자체를 가리키는 말로 사용됐다. 루이스 프로이스를 비롯해 예수회 신부들이 작성한 기록물에 표기된 '다이리'는 이러한 의미로 사용됐다. João Paulo Oliveira e COSTA, *O Japão e o Cristianismo no século XVI: Ensaios de História Luso-Nipónica*, p. 304.

---

* 본 용어풀이에는 프로이스가 본문에서 언급한 중요 단어들을 관직명, 인명, 지명으로 분류해 (가) 우리말 번역을 먼저 소개하고 (나) 일본어, (다) 프로이스가 표기한 포르투갈어, (라) 용어에 대한 설명의 순서로 나열했다.

관백(關白, 간바쿠, Quambaco): 일본에서 천황을 보좌해 정치를 행하는 관직. 중국 전한 때의 대신인 곽광霍光이 관백을 한 것을 취했다. 실질적인 최고위직이며 하쿠리쿠코(博陸侯)라고도 한다.

대납언(大納言, 다이나곤, Dainangodono): 일본 고대율령제도화古代律令制度化에서의 관직 중 하나이다. 조정의 최고기관인 태정관太政官 직책의 하나로 좌대신左大臣, 우대신右大臣, 내대신內大臣의 다음 등급인 사등관四等官 가운데 두 번째 관직이다.*

덴카(殿下, Tenca): 천황, 삼후三后 이외의 황족 내지 섭정관백攝政關白, 세이이타이쇼군(征夷大將軍)**의 경칭. 일본에서는 주로 친왕전하親王殿下, 내친왕전하內親王殿下로 칭하는 것처럼 친왕親王, 내친왕內親王, 왕王, 여왕女王 등의 황족에 대한 경칭이다. 에도(江戶) 시대 이전에는 섭정攝政, 관백關白, 전관백前關白인 태합(太閤, 다이코) 제일의 세이이타이쇼군, 메이지(明治)~다이쇼(大正) 시대의 궁중 최상위 여궁(尙侍)에게도 사용됐다. 예를 들어 미나모토 요리토모(源賴朝)에 대해서는 요리토모전하(賴朝殿下), 도요토미 히데요시에 대해서는 관백전하關白殿下 또는 태합전하太閤殿下로 경칭했다.

---

* '다이나곤'은 일본어 발음에 따른 표기이며, '다이나곤도노'와 같이 프로이스는 간혹 높은 관직에 있는 사람들의 이름 뒤에 경칭 도노(殿)를 붙이는 방법으로 필사본에서 표기하고 있다.
**용어풀이 맨 뒤 참조.

번주(藩主, 한슈, tono): 16세기에 낮은 지위의 무사에서 높은 지위의 다이묘(大名)에 오른 자를 가리킨다. 영주領主. João Paulo Oliveira e COSTA, *O Japão e o Cristianismo no século XVI: Ensaios de História Luso-Nipónica*, p. 307.

야카타(屋形, yacata): 공가公家나 무가武家 등의 귀인貴人을 의미한다. 무로마치막부(室町幕府) 및 에도막부(江戶幕府)에 있어서는 명문 또는 공적 있는 무가의 당주當主에게 야카타(屋形)라는 칭호를 허락했다. 이 칭호 허락을 야카타고(屋形号)라고 한다. 야카타고가 성립한 것은 무로마치(室町) 시대 초기이다.(참고: 인물의 소 요시토시)

와카미야(若宮 Vacamia): 황족의 아들. 친왕親王으로 불리기 이전의 황족 남자를 지칭하는 말. 이에 대비되는, 황족의 여자 또는 내친왕內親王으로 불리기 이전의 황족 여자를 지칭하는 말로는 히메미코(皇女 또는 오조)가 있다.

중납언(中納言, 주나곤, Chunangon): 조정의 최고기관인 태정관太政官의 차관次官. 대납언大納言에 이은 관직이며, 사등관四等官 중에서 차관에 상당하는 영외관令外官이다.

구보(公方, Qubó[sama]): 과거 천황과 조정朝廷, 무로마치(室町) 시대에 쇼군(將軍)과 지방에서의 쇼군 공권력 대행자로서 군림한 아시카가 쇼군(足利將軍)家 일족의 직함으로 사용됐다. 공식 칭호는 구보고

(公方号). 세이이타이쇼군은 구보케(公方家)를 일컫는 말이다.

태합(太閤, 다이코, Taico[sama]): 좁은 의미로는 섭정攝政 또는 관백關白의 지위를 아들에게 물려준 인물을 말한다. 넓은 의미로는 현직의 태정대신太政大臣이나 좌대신左大臣, 우대신右大臣으로 불리는 최고위층에 위치한 세 개 지위에 있는 사람을 가리키기도 한다. 경칭으로는 태합전하太閤殿下라고 한다. 전섭정前攝政이나 전관백前關白 등에 대해서도 사용하지만, 본문에서는 도요토미 히데요시를 가리킨다.

2. 인물

가토 기요마사(加藤淸正, 虎之助, 1562~1611): 아즈치 모모야마(安土桃山) 시대부터 에도(江戶) 시대 전기에 걸쳐 활약한 무장이자 다이묘이다. 도요토미 히데요시의 가신으로 세키가하라(關ヶ原) 전투에서 무공을 세워 히고국(肥後國) 구마모토번(熊本藩)의 초대 번주가 됐다. 도요토미 히데요시 사후에는 도쿠가와(德川)가의 신하가 됐다. 야사마루(夜叉丸)라고도 불리며, 어릴 때 이름은 도라노스케(虎之助)이다. 프로이스는 '토라노스케Toranosuque 또는 Teranosuque'로 표기하고 있다.

고니시 유키나가(小西行長, 1555?~1600): 아즈치 모모야마(安土桃山) 시대의 다이묘이다. 어릴 적 이름은 야쿠로(彌九郎). 가톨릭교도이며 세례명은 아우구스티누스이다. 쓰시마후추번(對馬府中藩)의 초대 번주 소 요시토시(宗義智)의 장인이며, 임진왜란 당시 가토 기요마사(加藤淸正)와 한반도에서 선봉을 다툰 것으로도 유명하다. 세키가하라 전투에서 서군의 장군으로 분전했지만 패배해 할복할 것을 요구받았다. 그러나 가톨릭교도로서 이를 거절해 참수당했다. 셋쓰노국(攝津國) 태수를 지냈다. 프로이스는 고니시 유키나가를 '아고스티뉴Agostinho' '아고스티뉴 쓰노카미도노Agostinho Çunocamidono' '쓰노카미Çunocami(津守)' 등으로 표기하고 있다. 쓰노카미는 '셋쓰노 국의 태수'를 줄인 말이다.

고요제이 천황(後陽成 天皇, 1571~1617): 아즈치 모모야마(安土桃山) 시대부터 에도(江戶) 시대 초기에 이르는 동안 일본을 통치한 제107대 천황. 재위기간은 1586~1611년.

고테다 자에몬 야스가즈(籠手田左衛門安一, 1553~?): 히고국(肥後國) 히라도번(平戶藩)의 자에몬(左衛門)이라는 직책에 있던 무장 고테다 야스가즈(籠手田安一)를 말한다. 가톨릭교도로서 도요토미 히데요시의 가톨릭(伴天連) 추방령에 의해 주군인 히라도 번주 마쓰라 시게노부(松浦鎭信)가 교회를 파괴하려 하자 이에 반대하고 대립하다가 일족과 함께 잠적했다. 프로이스는 '동 제로니무Dom Geronimo'로 표기하고 있다.

구로다 간베에(黑田官兵衛, Quambioyedono): 구로다 요시타카(黑田孝高) 참조.

구로다 나가마사(黑田長政, 1553~?): 아즈치 모모야마(安土桃山) 시대부터 에도(江戸) 시대 전기에 이르는 무장이자 다이묘이다. 도요토미 히데요시 부하인 구로다 요시타카(黑田孝高)의 아들이며 아버지의 뒤를 이어 가이국(甲斐國)의 태수가 됐다. 세키가하라 전투에서 무공을 세우고 지쿠젠국(筑前國) 후쿠오카번(福岡藩) 52만 3,000석을 받아 초대 후쿠오카 번주가 됐다. 프로이스는 '카이노카미 Cainocami'(甲斐守)로 표기하고 있다.

구로다 요시타카(黑田孝高, 1546~1604): 전국 시대, 아즈치 모모야마(安土桃山) 시대, 에도(江戸) 시대 전기에 걸친 무장이자 다이묘이며, 부젠국(豊前國) 나카쓰성(中津城)의 성주이다. 요시타카(孝高)는 시호이고, 보통 간베에(官兵衛)라 불리며 구로다 간베에(黑田官兵衛)라고도 한다. 출가 후에는 조스이(如水)란 호로 유명해 구로다 조스이(黑田如水)로도 불린다. 도요토미 히데요시의 측근이며, 돈 시메온 ドン シメオン이라는 세례명으로 가톨릭 신도가 됐다. 프로이스는 '칸베에도노Quambioyedono'로 표기하고 있다.

나베시마 나오시게(鍋島直茂, Nabeximadono, 1538~1618): 1538년 히젠국(肥前國)의 소호족 小豪族인 나베시마(鍋島) 가문의 스루가국(駿河國)

태수 나베시마 기요후사(鍋島淸房)의 차남이다. 히다국(飛驒國)과 가가국(加賀國)의 태수에 올랐다.

나이토 주앙(Naitodono João, ?~1626): 본명은 나이토 조안(內藤如安). 고니시 조안(小西如安)이라고도 불린다. 15세에 세례를 받은 독실한 가톨릭교도로 세례명은 돈 주앙ドン ジョアン. 교토(京都) 부근의 단바국(丹波國) 야기성(八木城) 성주를 지냈으며, 1585년에 고니시 유키나가(小西行長) 휘하에 들어간 이후부터 고니시(小西)라는 성을 써서 고니시 히다노카미(小西行長飛驒守)로 알려졌다. 임진왜란 당시 일본과 중국의 강화 협상에서 일본 측 실무대표로 참가했다. 1613년에는 도쿠가와 이에야스(德川家康)의 가톨릭 추방령에 따라 필리핀 마닐라로 추방돼 그곳에서 병사했다.

다카야마 우콘(高山右近, 1552~1615): 다카쓰키성(高槻城) 성주로서 가톨릭 신도가 됐다. 다카쓰키성은 이리에성(入江城)으로도 불렸다. 도쿠가와 이에야스의 박해를 받다가 추방돼 마닐라에서 사망했다. 세례명은 돈 주스토ドン ジュスト. 프로이스는 '주스토 우콘도노Justo Ucondono'로 표기하고 있다.

다케우치 기치베에(竹內吉兵衛): 고니시 유키나가(小西行長)의 휘하 평호관平好官 직책에 있던 장수이다. 다케노우치 기치베에(武之內吉兵衛), 평호관이라고도 불린다. 프로이스는 '암브로지우Ambrozio' 또는

'키치베에 암브로지우Quichibioye Ambrozio'로 표기하고 있다.

다테 마사무네(伊達政宗, Dute, 1567~1636): 전국 시대 오슈(奧州)의 전국 다이묘(戰國大名)로 센다이번(仙臺藩) 초대 번주이다. 다테(伊達) 집안 제16대 당주 다테 데루무네(伊達輝宗)의 장남이다.

데라자와(寺澤, Terazava, 1563~1633): 도요토미 히데요시의 가신으로 시마국(志摩國) 태수 자리에 오른 데라자와 히로타카(寺澤廣高)를 가리킨다. 전국 시대에 히젠국(肥前國) 가라쓰번(唐津藩) 번주로 있던 무장이며, 에도(江戶) 시대 초기에 다이묘에 올랐다. 데라자와 시마카미 히로타카(寺澤志摩守廣高)라고도 한다.

도요토미 쓰루마쓰(豊臣鶴松, 1589~1591): 도요토미 히데야스의 장남.

도요토미 히데야스(豊臣秀保): 하시바 히데야스(羽柴秀保) 참조.

도요토미 히데요리(豊臣秀賴, 1593~1615): 도요토미 히데요시의 차남이자 상속자.

도요토미 히데요시(豊臣秀吉, 1537~1598): 일본의 전국 시대부터 덴쇼(天正) 시대에 이르는 무장이자 전국다이묘(戰國大名). 프로이스는 관백關白으로 기술하고 있다.

도요토미 히데쓰구(豊臣秀次, 1568~1595): 덴쇼(天正) 시대의 무장이며 다이묘이자 관백關白이다. 도요토미 히데요시의 누이인 닛슈(日秀)의 아들로, 후에 도요토미 히데요시의 양자가 됐다.

도쿠가와 이에야스(德川家康, Yyeyasù, 1543~1616): 일본의 전국다이묘(戰國大名), 에도막부(江戶幕府)의 초대 세이이타이쇼군이다. 죽기 직전에 무장으로서 역사상 네 번째 태정대신太政大臣으로 옹립됐다.

마쓰라 시게노부(松浦鎭信, 1549~1614): 전국시대부터 에도(江戶) 시대 전기에 이르는 다이묘이다. 히라도(平戶)의 마쓰라(松浦) 가문 제26대 당주로서 히라도번(平戶藩) 초대 번주이다. 마쓰라 다카노부(松浦隆信)의 적자이며, 어머니는 스기 다카카게(杉隆景)의 딸이다. 관직은 종사위하從四位下. 통칭 미나모토노 사부로(源三郎)로 불렸으며, 히젠국(肥前國) 태수에 올랐다. 프로이스는 '피소Fixo(히쇼, 肥州)'로 표기하고 있다.

마에다 도시이에(前田利家, 1539~1599): 아즈치 모모야마(安土桃山) 시대의 무장으로 가가번(加賀藩) 번주 마에다(前田) 집안의 선조이다. 마에다 도시하루(前田利昌)의 4남으로 지쿠젠국(筑前國)의 태수로 있었으며, 도요토미 히데요시의 아들 도요토미 히데요리(豊臣秀賴)의 후견인 역할을 했다. 프로이스는 '파시바 치쿠젠Faxiba Chiqugen(하시바 지쿠첸, 雨柴筑前)'으로 표기하고 있다. 하시바(羽柴)는 도요토미 히데요시가 도요토미로 개명하기 이전의 성이다.

모리 가쓰노부(毛利勝信, ?~1611): 전국 시대부터 아즈치 모모야마(安土桃山) 시대에 걸친 무장으로 오와리국(尾張國) 출신이다. 도요토미 히데요시의 신하로 임진왜란과 세키가하라 전투에 참전했다. 이키국(壹岐國) 태수를 지냈다. 별명은 요시나리(吉成).

모리 데루모토(毛利輝元, Moridono, 1553~1625): 아즈치 모모야마(安土桃山) 시대부터 에도(江戶) 시대 전기에 활약한 다이묘. 모리 모토나리(毛利元就)의 적손에 해당한다. 도요토미(豊臣) 정권에서 고다이로(五大老)* 가운데 한 사람이다. 세키가하라 전투에서 서군의 총대장으로 옹립됐다. 조슈번(長州藩)의 초대 번주이다.

미나모토노 요리토모(源賴朝, 1147~1199): 가마쿠라 막부(鎌倉幕府)의 초대 쇼군(將軍)이다. 가마쿠라 요리토모(鎌倉賴朝)로도 불린다. 헤이안(平安) 시대 말기에 가와치겐(河內源) 집안의 무장으로 있던 미나모토노 요시토모(源義朝)의 삼남이다.

소 요시토시(宗義智, 1568~1615): 아즈치 모모야마(安土桃山) 시대부터 에도(江戶) 시대 전기의 다이묘이다. 쓰시마후추번(對馬府中藩)의 초대 번주이며, 고니시 유키나가(小西行長)의 사위이다. 가톨릭교도이며 세례명은 다리오ダリォ. 프로이스는 '쓰시마도노 다리오 Çuximadono Dario(對馬殿ダリオ)', '쓰시마도노Çuximadono(對馬殿)', '야카타yacata' 등 다양한 이름으로 표기하고 있다.(참고: 관직의 야카타)

시마즈 요시히로(島津義弘, 1535~1619): 사쓰마(薩摩)의 전국다이묘이다.

---

*용어풀이 맨 뒤 참조.

사쓰마 집안의 제17대째 당주로 알려져 있다.(실제로 존재하지는 않은 것으로 여겨진다)

시마즈 히사야스(島津久保, 1573~1593): 전국 시대 무장이다. 시마즈 요시히로(島津義弘)의 차남으로 임진왜란 당시 조선 거제도巨濟島에서 병사했다. 아명은 만주마루(万壽丸)이며, 휴가국(日向國)의 태수를 지내 휴가노카미(日向守)라고도 불린다.

아리마 하루노부(有馬晴信, 1567~1612): 아리마 요시사다(有馬義貞)의 차남으로 히젠국(肥前國) 시마바라번(島原藩) 초대 번주를 지냈다. 가톨릭 다이묘로 알려졌다. 세례명은 일본식 발음으로 돈 프로타지오ドン・プロタジオ. 프로이스는 '동 프로타지우D. Protazio'로 표기하고 있다.

암브로지우(Ambrozio): 다케우치 기치베에(竹內吉兵衛) 참조.

오다 노부나가(織田信長, 1534~1582): 전국 시대부터 아즈치 모모야마(安土桃山) 시대에 이르는 무장으로 다이묘이다.

오다 히데노부(織田秀信, 1580~1605): 아즈치 모모야마(安土桃山) 시대부터 에도(江戶) 시대 전기에 이르는 무장으로, 오다 노부타다(織田信忠)의 적자이며 오다 노부나가의 적손이다.

오무라 스미타다(大村純忠, 1533~1587): 전국 시대의 가톨릭 다이묘이다. 아버지는 아리마 하루즈미(有馬晴純), 형은 아리마 요시사다(有馬

義貞)이다. 나가사키(長崎)를 개항한 인물로 유명하다. 일본식 세례명은 바루토로메오バルトロメオ. 프로이스는 '동 바르톨로메우Dom Bartholomeu'로 표기하고 있다.

오무라 요시아키(大村喜前, 1569~1616): 히젠국(肥前國) 오무라번(大村藩) 초대 번주로 단고국(丹後國) 태수를 지냈다. 이름 요시아키(喜前)는 산슈라고도 불린다. 오무라 스미타다(大村純忠)의 적남. 가톨릭 세례를 받았으며 일본 세례명은 산슈サンチョ. 프로이스는 '동 산슈 Dom Sancho'로 표기하고 있다. 니치렌(日蓮)종을 믿고 있는 가토 기요마사(加藤淸正)의 신임을 얻기 위해 아버지가 믿고 있는 가톨릭을 버리고 니치렌종으로 개종하면서 영내 가톨릭교도들을 철저하게 탄압했다.

오야카타(大屋形, Voyacata): 오토모 요시무네(大友義統) 참조.

오토모 요시무네(大友義統, 1558~1605): 아즈치 모모야마(安土桃山) 시대의 분고국(豊後國) 다이묘이다. 오토모 요시시게(大友義鎭)의 장남으로 오토모 집안의 22대 당주를 지냈다. 가톨릭교도이며 세례명은 콘스탄치노였으나 도요토미 히데요시의 가톨릭 추방령에 따라 가톨릭을 버리는 한편 도요토미 히데요시의 '요시(吉)'를 자신의 이름 '義'를 대신해 '大友吉統'로 사용하기도 했다.

우키타 히데이에(宇喜多秀家, 1572~1655): 아즈치 모모야마(安土桃山) 시대

의 무장이자 다이묘이다. 비젠국(肥前國) 오카야마성(岡山城) 우키타 가문 최후의 당주로 도요토미(豊臣) 정권 하에서 고다이로를 지냈다. 통상 비젠재상(肥前宰相)으로 불리며 하치로(八郞), 이에우지(家氏) 등으로도 불렸다. 프로이스는 '파치로도노Fachiròdono(하치로도노, 八郞殿)' 또는 '비젠의 재상(Bisonosaixo)'으로 표기하고 있다.

이시다 미쓰나리(石田三成, 1560~1600): 아즈치 모모야마(安土桃山) 시대의 무장이자 다이묘이다. 도요토미(豊臣) 정권의 오봉행五奉行 가운데 한 명이다.

이키노카미(壹岐の守, Yquinocami): 이키국(壹岐國)의 태수란 뜻이다. 본문에서는 모리 요시나리(毛利吉成)를 가리킨다. 본명은 모리 가쓰노부(毛利勝信). 모리 가쓰노부 참조.

키치베에 암브로지우Quichibioye Ambrozio: 다케우치 기치베에(竹內吉兵衛) 참조.

파시바 치쿠젠Faxiba Chiqugen: 마에다 도시이에(前田利家) 참조.

하시바 히데야스(羽柴秀保, 1579~1594): 아즈치 모모야마(安土桃山) 시대의 무장이다. 도요토미 히데요시의 조카로 1588년 10세 때 숙부 하시바 히데나가(羽柴秀長)의 양자가 됐다가 후에 양부의 뒤를 이어 야마토국(大和國) 중납언中納言이 됐다. 1591년 양부가 고오리야마

도요토미(群山豊臣)가家를 계승하면서 도요토미 히데야스(豊臣秀保)가 됐다.

하치조궁(八條宮, Fachigiôdono): 초대 하치조궁인 도시히토(智仁, 1579-1629) 친왕을 의미한다.

하타(波多, Fatadono): 히젠국(肥前國) 시마바라번(島原藩) 초대 번주 아리마 하루노부(有馬晴信)의 형 아리마 요시즈미(有馬義純, 1550~1571)를 가리킨다.

히비야 료케이(日比屋了珪, Reoquei, ?~?): 신흥 상업도시 사카이(堺)의 무역 상인으로 가톨릭교도 대표였다. 1564년에 세례를 받았으며 세례명은 디오고ディオゴ.

히비야 효우에몬(日比屋兵右衛門): 히비야 료케이의 장남이다. 고니시 유키나가(小西行長) 가신으로 효우에몬(兵右衛門) 직에 있었던 것으로 추정된다. 가톨릭교도로 세례명은 빈센트ヴィセンテ. 프로이스는 '비센테Vicente' 또는 '비센테 페이예몬도노Vicente Feiyemondono'로 표기하고 있다.

히사타네(久種): 히고국(肥後國) 가와치성(河內城)의 성주 아마쿠사 히사타네(天草久種)를 말한다. 가톨릭교도로 세례명은 돈 조안ドン ジョアン이다. 프로이스는 '동 주앙Dom João'으로 표기하고 있다.

송응창宋應昌: 임진왜란 때 명나라의 경략군문經略軍門 병부시랑兵部侍郎을 맡아 이여송李如松과 함께 평양성平壤城 전투에 참가했다.

심유경沈惟敬(Yuquequi, ?~1597): 명나라 신하로 임진왜란 때 조선과 일본 등 3국 사이에서 강화 협상을 맡아 진행하면서 농간을 부리다가 정유재란을 초래했다. 저장성(浙江省) 자싱(嘉興) 출신. 프로이스는 '유격'이란 명칭을 사용해 Yuquequi, Yaquequi 및 Yequequi 등 여러 방식으로 표기하고 있다.

3. 일본 영국(領國) 및 지명

가가국(加賀國, Canga): 이시가와현(石川縣)의 남부에 있는 지역이다. 후쿠이현(福井縣)과 접해 있다.

가미슈(上衆, camixus): 교토 일대 지역. 규슈(九州)를 의미하는 시모(下)의 대립어다.(참고: 시모)

가이국(甲斐國): 과거 일본의 지방 행정 구역인 나라 중 하나로, 도카이도(東海道)에 위치한다. 현재의 야마나시현(山梨縣)이다.

고토(五島, Goto): 나가사키(長崎)현 서부의 열도. 남쪽의 후쿠에지마(福江島), 히사카지마(久賀島), 나루지마(奈留島), 와카마쓰지마(若松島), 나카도오리지마(中通島)의 다섯 개 섬을 중심으로 140여 개의 섬으로 돼 있다.

교토(京都): 794년 일본의 수도로 대표적인 역사도시이다. 헤이안쿄(平

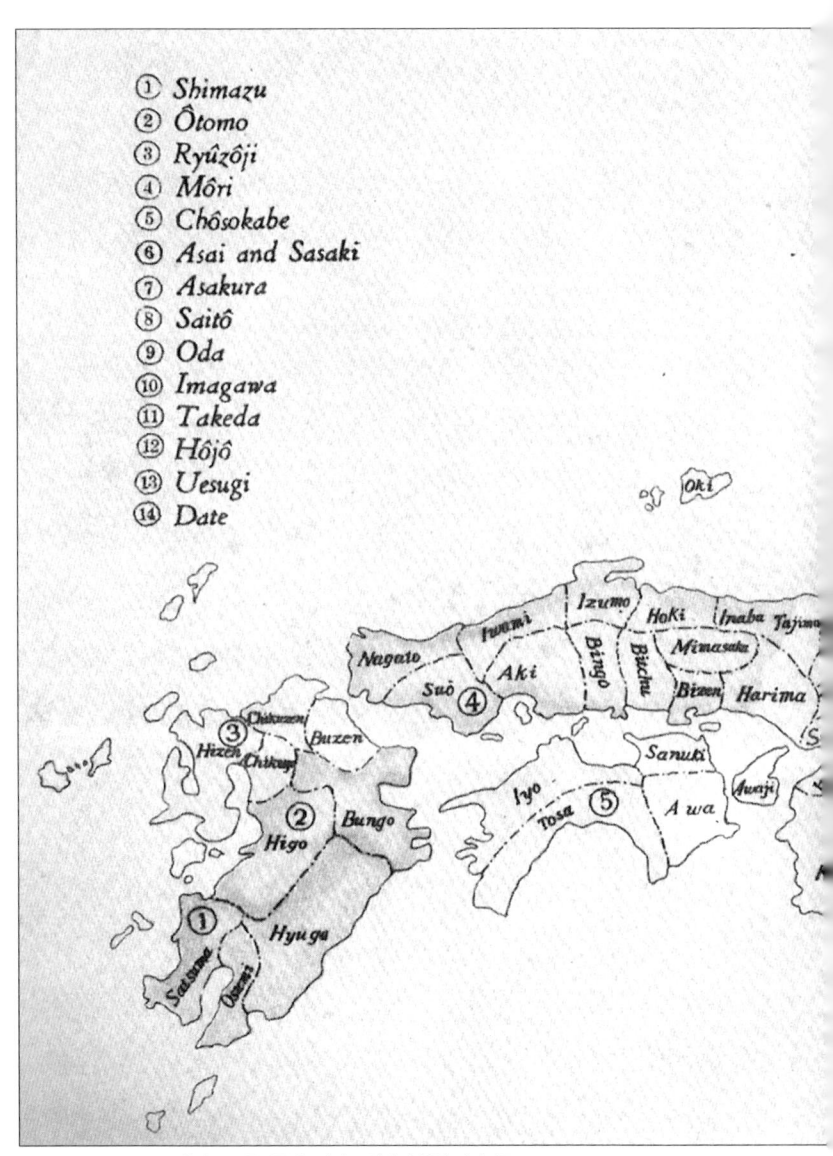

Japan in sec XVI 출처 포르투갈국립도서관, 1권에 수록된 이미지로,
원본은 W. Dening, *The Life of Toyotomi Hideyoshi*, Tokyo, 1955

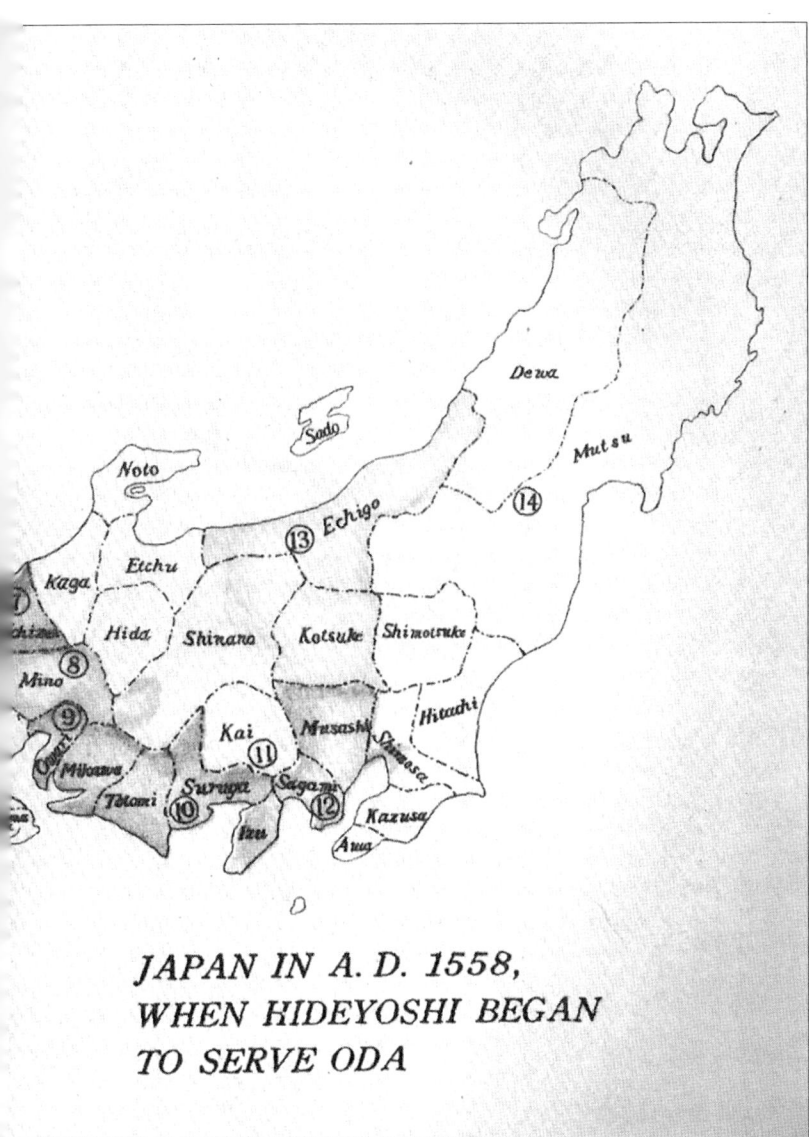

JAPAN IN A. D. 1558, WHEN HIDEYOSHI BEGAN TO SERVE ODA

安京)에 해당하는 수도로서 정치와 문화의 중심지이다. 프로이스는 '미아코(Miaco)'로 표기하고 있는데, 미야코(都)는 수도를 의미하는 보통명사로서 당시 수도인 교토를 가리키는 고유명사로 사용됐다. 본문에는 '수도' 대신 '교토'로 번역했다.(참고: 미야코)

구마모토(熊本): 규슈(九州) 지방의 중앙에 위치한 행정 구역의 하나.

나가사키(長崎, Nangazaqui): 나가사키현(長崎縣)이나 나가사키시(長崎市). 포르투갈인들은 1543년에 처음으로 다네가시마(種子島)에 도착했다. 당시 일본은 전국 시대였으므로 가톨릭 다이묘인 오토모 요시무네(大友義統)가 다스리는 비교적 안전한 지역인 규슈(九州)를 중심으로 상업적, 종교적 활동을 시작했다. 이들은 1570년 나가사키라는 영구적 본거지를 마련하고 마카오~나가사키 간 정기선을 통한 본격적인 무역을 시작했다.

나고야(名古屋, Nangoya): 좁은 뜻으로는 아이치현(愛知縣)의 중심도시인 나고야시(名古屋市)를 칭하지만 보다 넓은 지명의 주쿄권(中京圈)이라고 말할 수 있다. 히젠(肥前)의 항구.

나고야성(名古屋城): 오와리국(尾張國) 아이치군(愛知郡) 나고야(名古屋)에 있는 성. 오와리 도쿠가와(尾張德川) 가문의 17대 거성이며, 긴코조(金鯱城) 또는 긴조(金城)라고 불린다.

단바(丹波, Tanba): 과거 일본의 지방 행정 구역인 나라의 하나로, 산인도(山陰道)에 위치한다. 현재의 교토부(京都府) 중부와 효고현(兵庫縣) 동쪽 변의 일부, 오사카부(大阪府) 다카쓰키시(高槻市)의 일부, 오사카부 도요노군(豊能郡) 도요노정(豊能町)의 일부에 해당한다. 단바국(丹波國)과 함께 또는 단독으로 단슈(丹州)로 불리기도 했다.

미야코(都): 궁처(宮處(みやこ))의 의미로, 천황의 궁전이 있는 곳을 의미한다. 고대의 나니와쿄(難波京: 오사카 大阪), 헤이조쿄(平城京: 나라, 奈良), 헤이안쿄(平安京: 교토, 京都) 등을 의미한다. 프로이스가 표기한 '미아코(Miaco)'는 수도인 교토를 가리킨다. (참고: 교토)

부젠국(豊前國, Bugen): 과거 일본의 지방 행정 구역인 나라 중 하나로, 사이카이도(西海道)에 위치한다. 현재는 후쿠오카현(福岡縣) 동부와 오이타현(大分縣) 북부에 걸쳐 있다.

분고국(豊後國, Bungo): 과거 일본의 지방 행정 구역인 나라 중 하나로, 사이카이도(西海道)에 위치한다. 현재의 오이타현(大分縣) 중북부를 제외한 대부분에 해당한다.

사쓰마국(薩摩國, Saççuma): 과거 일본의 지방 행정 구역인 나라 중 하나로, 사이카이도(西海道)에 위치한다. 현재의 가고시마현(鹿兒島縣) 서부에 해당한다.

사카이(堺, Sacay): 긴키(近畿) 지방의 중부와 오사카부(大阪府) 중남부에 걸쳐 위치한다.

스루가국(駿河國): 과거 일본의 지방 행정 구역인 나라 중 하나로, 도카이도(東海道)에 위치한다. 현재의 시즈오카현(靜岡縣)의 오이가와(大井川) 좌안左岸의 중부와 북동부에 해당한다.

스모토(栖本, Sumoto): 구마모토현(熊本縣)에 위치한다.

시모(下[の地方], Ximo): 일본어로 '아랫부분' 또는 '하류'를 의미한다. 본문에서 프로이스가 표기한 '시모'는 두 가지 뜻으로 사용됐다. 일본 열도의 최남단인 규슈(九州)를 가리키거나, 규슈의 히젠국(肥前國)과 히고국(肥後國)의 두 영국만을 가리킨다. 규슈를 의미하는 '시모'의 대립어로는 '가미슈(上衆)'가 있다.(참고: 가미슈) João Paulo Oliveira e COSTA, *O Japão e o Cristianismo no século XVI: Ensaios de História Luso-Nipónica*, p. 307.

시자키(志崎): 간토(關東) 지방 이바라키현(茨城縣) 가시마시(鹿嶋市)에 있는 마을. 프로이스는 시키로 표기하고 있다.

시코쿠(四國, Xicoqu): 일본 열도를 구성하는 섬 중 하나. 본토의 4섬 가운데 가장 작다. 영제국令制國의 아와국(阿波國), 사누키국(讚岐國), 이요국(伊予國), 도사국(土佐國)으로 이뤄졌다.

시키(志崎, Xiqui): 시자키가 올바른 표기다. 시자키 참조.

쓰시마(對馬, Çuxima): 일본 규슈(九州)의 북방 겐카이나다(玄界灘: 현해

탄)에 있는 나가사키현(長崎縣)에 속하는 섬이다. 나가사키현에서는 최대의 섬이며, 일본 전국에서도 혼슈(本州), 홋카이도(北海道), 시코쿠(四國), 규슈의 주요 네 섬과 북방영토를 제외하고 여섯 번째로 큰 섬이다. 쓰시마 대부분을 차지하는 주섬인 쓰시마지마(對馬島) 외에 그 주변에 100여 개의 섬들이 존재한다. 일반적으로는 쓰시마지마와 속해 있는 섬들을 통칭해 쓰시마라고 부르는 경우가 많다. 위치적으로 한반도와 가까워 예부터 대륙과 일본을 연결하는 문화와 경제의 창구 역할을 해 왔다.

아리마(有馬 Arima): 영제국令制國의 셋쓰국(攝津國) 지명이다. 현재 산다시(三田市) 전역, 니시노미야시(西宮市) 북부, 고베시(神戸市) 기타구(北區)의 동부 지역이 여기에 속한다.

아마쿠사(天草, Amacusa): 구마모토현(熊本縣)의 아마쿠사(天草) 제도諸島를 말한다. 아마쿠사나다(天草灘), 아리아케카이(有明海), 야쓰시로카이(八代海)에 둘러싸여 있다.

아와국(阿波國, Ava): 과거 일본의 지방 행정 구역인 나라 중 하나로, 난카이도(南海道)에 위치한다. 현재의 도쿠시마현(德島縣)에 해당하며, 아슈(阿州)라고 부르기도 한다.

오무라(大村, Vomura): 나가사키현(長崎縣) 중부 오무라만(大村灣)에 임해 있는 도시.

오슈(奧州, Voxù 또는 Oxù): 과거 일본의 지방 행정 구역인 나라 중 하나이다. 혼슈(本州)의 북동단에 위치한 지금의 후쿠시마현(福島縣), 미야기현(宮城縣), 이와테현(岩手縣), 아오모리현(青森縣)과 아키타현(秋田縣) 북동의 가즈노시(鹿角市)와 고사카정(小坂町)에 해당하지만 메이지(明治) 시대 초기에 아오모리현과 이와테현의 니노헤군(二戶郡)에 걸친 지역으로 축소됐다. 무쓰국(陸奧國)이라고도 불린다.

오야노(大矢野, Voyano): 구마모토현(熊本縣) 서부.(19개 섬으로 이뤄져 있다.)

오와리국(尾張國, Voari): 과거 일본의 지방 행정 구역의 나라 중 하나로 도카이도(東海道) 서부에 위치한다. 현재의 아이치현(愛知縣) 서부에 해당한다.

와니우라(鰐浦): 쓰시마(對馬) 북쪽에 있는 항구.

와카사국(若狹國, Vacasa): 과거 일본의 지방 행정 구역인 영제국令制國의 하나로, 호쿠리쿠도(北陸道)에 위치한다. 현재의 후쿠이현(福井縣) 남부에 해당한다.

이요국(伊予國, Hio): 과거 일본의 지방 행정 구역인 나라 중 하나로, 난카이도(南海道)에 위치한다. 현재 에히메현(愛媛縣)에 해당한다.

이즈미(和泉): 현재 오사카부(大阪府) 남부 지역에 해당한다.

이키노시마(雪の島, Yuqinoxima): 쓰시마(對馬) 부근에 있는 이키(雪) 섬.

주고쿠(中國, Chungoqu): 혼슈(本州)의 서부 지역을 칭한다. 행정 구분으로는 돗토리현(鳥取縣), 시마네현(島根縣), 오카야마현(岡山縣), 히로시마현(廣島縣), 야마구치현(山口縣)의 5현을 가리킨다.

하리마국(播磨國, Farima): 지금의 효고현(兵庫縣) 서부에 해당하는 영제국令制國의 명칭.

효고(兵庫, Fiongo): 일본 행정 구역의 하나로 긴키(近畿)지방에 속하며 북쪽은 니혼카이(日本海), 남쪽은 세토나이카이(瀬戶內海)에 접하고 있다.

휴가국(日向國, Fiunga): 과거 일본의 지방 행정 구역인 나라 중 하나로, 사이카이도(西海道)에 위치한다. 현재의 미야자키현(宮琦縣)에 해당하지만 성립 당시는 가고시마현(鹿兒島縣)의 본토 부분도 포함됐다.

히고국(肥後國, Fingo): 과거 일본의 지방 행정 구역인 나라 중 하나로, 사이카이도(西海道)에 위치한다. 현재의 구마모토현(熊本縣)에 해당한다.

히라도(平戶, Firando): 나가사키현(長崎縣) 서부에 있는 섬을 중심으로 나가사키(長崎)와 규슈(九州) 본토 최서단에 위치한 지역으로, 쇄국 이전에는 국제무역항이었다.

히쇼(肥州, Fixo): 히젠국(肥前國)과 히고국(肥後國)을 가리키지만 둘 중 하나만을 가리키기도 한다. 본래 화산이 많은 곳으로 히노국(火の國)이라 불리기도 했다. 히노국(肥の國)이 되고 나서 두 지역으로 나뉘어 히젠(肥前)과 히고(肥後)가 됐다. 히젠은 나가사키현(長崎縣)과 사가현(佐賀縣)이 됐고, 히고는 구마모토현(熊本縣)이 됐다.

히젠국(肥前國, Figen): 과거 일본의 지방 행정 구분인 나라 중 하나로, 사이카이도(西海道)에 위치한다. 영토는 현재의 사가현(佐賀縣)과 쓰시마(對馬), 이키(壹岐)를 제외한 나가사키현(長崎縣)이 해당된다.

4. 기타

도노(殿, -dono): 황족이나 귀족 등 신분이 높은 사람을 존경하는 의미로 사용하는 대명사.

부쇼(武將): 무사 중 일정 규모의 부대를 인솔하는 인물의 속칭. 아시가루다이쇼(足輕大將), 사무라이다이쇼(侍大將), 부쇼(部將)라고도 불린다.

사마(樣, -sama): 인명 또는 사람을 나타내는 명사 등에 붙어 그 사람에 대한 존경의 뜻을 나타낸다.

시샤(使者): 명령을 받아 행하는 사람.

영국領國(료고쿠, reyno): 다이묘가 소유하고 다스리는 영토.

오도(王道): 인덕仁德에 근거한 정치를 의미하며, 유가의 정치사상으로 맹자에 의해 대성됐다.

세이이타이쇼군(征夷大將軍): 병마와 정치의 실권을 쥔 막부幕府 주권자의 직명이다. 쇼군(將軍)과 같은 의미라고 할 수 있다.

고다이로(五大老): 도요토미(豊臣) 정권 말기에 도요토미 히데요시 가문의 가로(家老) 또는 다이로(大老)로, 정무를 행하던 유력한 다섯 다이묘를 부르는 명칭이다. 당시 고다이로(五大老)로 부르는 이름은 없었고 고닌오부교(五人御奉行) 등으로 칭했지만 에도(江戶) 시대에 이른바 고부교(五奉行)와 혼동이 돼 후에 고다이로라고 부르게 됐다. 도요토미 히데요시는 도쿠가와, 우키타, 마에다, 우에스기, 모리 등 5명의 장군을 고다이로로 임명하고 자기의 아들 도요토미 히데요리(豊臣秀賴)가 성인이 될 때까지 이들을 섭정攝政으로 삼았다.

루이스 프로이스와 『일본사』

프로이스 신부에 대해[1]

루이스 프로이스Luís Fróis, S. J.는 1532년 포르투갈 수도 리스본의 귀족 가문에서 태어났다. 소년 시절 왕실 비서청에서 근무한 경험이 있으며,[2] 1548년 2월(또는 3월) 예수회에 입단했다. 그리고 얼마 지나지 않은 3월 17일에 인도 고아로 파견됐다.

약 6개월의 긴 항해 끝에 1548년 10월 9일 프로이스는 16세의 어린 나이로 고아에 도착했다. 그곳에서 프란시스코 데 하비에르S. Francisco de

포르투갈인의 일본 도착 450년 기념우표. 1993년 제작.

Xavier(스페인) 신부로부터 선교사가 되기 위한 교육을 받았다. 1550년 말부터 약 1년 동안은 다른 예수회 신부들과 함께 가톨릭 포교활동이 한창인 인도 북부의 바사잉Baçaim, 차울Chaul 등 여러 지역을 순방한 뒤 고아로 돌아왔다.

1554년 3월 프로이스는 고아의 부관구장 멜시오르 누느스 바헤투 Melchior Nunes Barreto, S. J.(포르투갈) 신부와 페르나웅 멘드스 핀투 Fernão Mendes Pinto(포르투갈) 수사 등과 함께 일본으로 파견됐다. 그러나 이들은 여행 시기를 놓쳐 말라카에서 거의 1년 동안 체류했고, 그곳에서 프로이스는 부관구장의 비서로 근무하면서 예수회 서간문을 작성하기 시작했다. 이후 바헤투 부관구장을 비롯한 예수회 신부들은 다시 일본을 향해 출발했다.

그러나 프로이스는 부관구장의 지시에 따라 말라카에 체류하면서 예수회 신부들의 숙소와 교회를 관리하고 교리를 가르치며 병자들과 죄수들을 돌보는 등 영적 활동에 힘을 기울였다. 1557년 초, 부관구장은 일본에서 돌아오던 길에 말라카에 들러 프로이스와 함께 고아로 귀환했다. 이후 프로이스는 고아에서 1559년까지 라틴어와 신학, 스콜라 철학 등을 중심으로 종교인으로서뿐 아니라 인문학자로서 학문에 전념했다. 1561년에는 마침내 사제의 서품을 받았다. 이후 프로이스는 타고난 문학적 재능과 어학력을 인정받아 고아의 관구장 비서로 활동했다.

일본으로 파견이 결정된 프로이스는 1562년 4월 고아를 출발해 1563년 7월 일본 니시큐슈(西九州)의 요코세우라(橫瀨浦)에 도착했다.[3] 당시 규슈에는 포교장인 코스메 데 토레스Cosme de Torres(스페인) 신부, 교토에는 가스파르 빌렐라Gaspar Vilela, S. J.(포르투갈) 신부가 체류하고 있었는데 그동안 예수회 신부들의 포교활동 결과로 프로이스가 도착했을 때 일본의 가톨릭교도 수는 이미 2만 명을 넘고 있었다. 일본에 도착한 이듬해 프로이스는 히라도(平戶)로 거점을 옮겼고, 곧 일본어 공부를 시작했다.

프로이스는 1565년 음력 정월에 수도 교토(京都)에 입성했다. 초기에는 가스파르 빌렐라와 함께 지냈지만 곧 대부분 시간을 혼자서 보내야 했다. 바로 이 해에 쇼군 아시카가 요시테루(足利義輝)가 가신들에 의해 살해당하면서 일본 정국이 극도의 혼란에 빠지자 프로이스는 사카이(堺)로 피신해야만 했고, 1568년 오다 노부나가가 권력을 되찾아 교토에 입경하면서 정국이 안정을 찾아가자 1569년에 수도로 다시 돌아올 수 있었다. 프로이스는 교토에 체류하는 동안 고키(五畿) 지방

Coin Luís Fróis 포르투갈 1997년 주조된 200에스쿠두스. 루이스 프로이스와 오다 노부나가의 만남을 기념.

의 포교장으로 활동했다. 또한 1569년과 1572년 두 번에 걸쳐 니조성(二條城)에서 오다 노부나가를 방문하고 그와 개인적인 친분을 쌓기도 했다.

프로이스는 뛰어난 일본어 구사 능력을 지니고 있어서 프란시스쿠 카브랄Francisco Cabral, S. J.(포르투갈) 신부가 1572~1574년 교토를 방문하는 동안 통역을 위해 동행하기도 했다. 1576년 12월 프로이스는 1570년부터 함께 지내온 오르간티노Organtino, S. J.(이탈리아) 신부에게 포교장의 직위를 양보하고 자신은 1577년 1월 분고국(豊後國)으로 거주지를 옮겼다. 이후 1581년까지 규슈 지역을 중심으로 활발한 포교활동을 벌였다. 1581년 로마에서 파견된 순찰사 알렉산드로 발리냐노Alexandro Valignano, S. J.(이탈리아) 신부가 고키 지역을 순방하며 아즈치성(安土城)의 오다 노부나가를 방문했을 때 통역을 담당함으로써 오다 노부나가와 재회했다. 1582년 2월 순찰사가 일본을 떠난 뒤 프로이스는 일본 부관구장인 가스파르 코엘류Gaspar Coelho, S. J.(포르투갈)와 함께 지내는 동안

1586년 다시 교토를 방문했다.

　1587년 7월 도요토미 히데요시가 예수회 신부에 대한 추방령을 선포하고 가톨릭을 탄압하자 프로이스를 포함한 일본 내 모든 예수회 선교사는 부관구장의 명령에 따라 히라도로 집결했다. 이후 프로이스는 아리마(有馬)와 아마쿠사(天草) 등 여러 지역을 전전하다가 1590년 나가사키(長崎)에 정착했다. 1590년 7월 순찰사 발리냐노가 1582년에 유럽으로 파견한 덴쇼켄오쇼넨시세쓰(天正遣歐少年使節)와 함께 두 번째 일본을 방문했을 때도 프로이스는 통역사로서 이들을 동행했고 주라쿠테이성(聚樂第城)에서 도요토미 히데요시를 알현했다.

　프로이스는 1592년 10월에 발리냐노와 함께 일본을 떠나 마카오에 갔다가 1595년 7월에 다시 일본으로 돌아와 나가사키에 정착했다. 당시 프로이스는 심한 탄압 속에서도 포교활동과 예수회 연례서간문 작성을 계속했다. 그리고 마침내 1597년 7월 나가사키에서 생을 마감했다.

『일본사』 집필 과정

　1579년 조반니 피에트로 마페이 Giovanni Pietro Maffei, S. J.(이탈리아) 신부는 포르투갈령 동인도에서의 예수회 포교활동에 대한 글[4]을 쓰려고 자료를 수집하는 과정에서 프로이스가 작성한 예수회 연례서간문을 읽고 프로이스의 문장가로서의 재능을 알게 됐다. 마페이는 예수회 총장인 에베라르도 메르쿠리아노Everardo Mercuriano, S. J.(벨기에)에게 서신을 보내 프로이스에게 일본 예수회 신부들의 포교활동과 발전사는 물론 일본에 대한 정보, 포교활동에 장애가 된 내전에 대해 본인의 경험을 바탕으로 글을 쓰게 할 것을 제안했다.[5] 메르쿠리아노 총장 사후 후계자인 클라우디오 아쿠아비바Claudio Acquaviva, S. J.(이탈리아) 신부는 이 제안을 수용해서 1582년 말 또는 1583년 초 발리냐노에게 서신을 보내 이를 지시했다. 발리냐노는 1584년 4월 일본 예수회 부관구장인 가스파르 코엘류에게 서신을 보내 프로이스에게 『일본사』 집필을 의뢰하도록 함으로써 프로이스는 『일본사』 집필의 책임을 맡게 되었다.

프로이스가 『일본사』 집필의 적임자로 지목된 데에는 일찍이 장문長文과 풍부한 어휘력, 뛰어난 작문 실력 등 문장가로서의 재능을 인정받은 덕택이었다. 그는 어린 시절 왕실 비서청에서 근무한 사실을 비롯해 고아와 말라카에서 유럽 및 기타 지역으로 보낼 예수회 연례서간문을 작성했다. 이러한 프로이스의 서간문 작성 임무는 일본에 도착한 이후에도 계속됐다.[6] 1583년 가을에 순찰사 발리냐노에 의해 일본 가톨릭 포교사의 집필자로 임명받은 프로이스는 자신의 모든 정력을 쏟아 『일본사』 집필에 몰두했다. 그리하여 1585년 「*Tratado em que se contem muito susinta e abreviadamente algumas contradições e diferenças de custumes antre a gente de Europa e esta Provincia de Japão*(일본과 유럽 간 문화비교론)」 부분의 집필을 마쳤고, 같은 해 9월 시모노세키(下關)에 도착했을 때에는 1549~1578년에 해당하는 제1부를 완성한 상태였다.

1585년 10월에 프로이스가 예수회 총장 앞으로 쓴 서신에는 그가 거의 1년 동안 병상에 있으며 팔과 손이 아파 제대로 편지조차 쓸 수 없음을 호소하고 있다.[7] 또 1587년 1월 1일자 대필代筆로 작성한 서신에서는 자신이 『일본사』 집필 임무를 맡기에는 부족한 점이 많으나 명령에 따라야 할 것이 마땅하기에 온 힘을 다해 임무를 수행하겠다고 다짐하고 있다. 이에 더해 당시 프로이스는 54세(또는 55세)의 고령으로 "그동안 앓아온 지병과 바쁜 일상 업무로 원하는 만큼 정확하고 세밀하게 작성하는 것이 어렵지만 이미 1부를 완성했고 2부를 집필하기 시작했다"고 보고하고 있다.[8] 실제로 프로이스는 제1부의 마지막 장에 이어 다음과 같이 후기를 적어 놓았다.

1586년 12월 30일 『일본사』 제1부를 완성했다. 가능한 정확한 정보를 기록하는 데 거의 4년이란 시간이 걸렸다. 총 153장으로 구성돼 있다. 이 중 37개 장에는 일본이란 나라를 주제로 설명했고, 나머지 116개 장에는 이곳에서의 성스러운 가톨릭 포교사에 대한 이야기를 적었다. 이제 하비에르 신부의 일본 도착부터 지금까지 약 40년 간의 이야기를 2부에서 계속하겠다. 따라서 제2부는 1578년에서 1589년 말까지에 해당한다. 성부, 성자, 성령과 동정녀 마리아, 모든 성인聖人의 찬미와 영광. 아멘.

루이스 프로이스[9]

한편 『일본사』의 제1부가 완성된 이후인 1588년에 발리냐노는 예수회 총장 앞으로 보낸 서신[10]에서 프로이스의 『일본사』 중 1586년과 1587년에 작성한 연례서간문을 가리키며 "다른 기록들을 베낀 것에 불과하고, 내용이 매우 장황하니 도대체 모든 내용이 사실인지 거짓인지를 알 수가 없다. 따라서 서간문을 출판하기 전에 반드시 내용을 선별해야 할 것"이라고 기술하고 있다. 그리고 발리냐노는 프로이스의 총 6장의 서신을 1장으로 요약해 동봉했다.

프로이스는 발리냐노의 이러한 부정적 견해를 알지 못한 채 『일본사』 집필을 계속했다. 1589년 1월 30일 로마로 보낸 편지에서 프로이스는 "4년(1585~1588년) 동안 『일본사』를 작성하고 있다"고 언급하고 "순찰사가 다시 일본을 방문하는 것을 기회로 좀 더 이른 시일 내에 완성하겠다"고 기술하고 있다.[11] 또 얼마 지나지 않은 1589년 9월자 서신에서는 "순찰사가 일본에 도착할 때쯤 지난 7년 동안 집필해 온 『일본사』를 완성해 예수회 총장에게 보낼 수 있을 것"이라는 희망을 보여주고 있다.[12] 서신에 기록한 대로 이후 프로이스는 1549~1578년에 해당하는 내용을 완성하는 데 전력을 쏟았을 것으로 보인다. 그러나 이상하게도 1590~1591년 순찰사 발리냐노가 일본을 방문한 뒤로는 프로이스의 어떤 서신에서도 『일본사』에 대한 언급을 찾아볼 수가 없다.

프로이스는 1592년 10월 발리냐노의 비서로서 그와 함께 마카오로 향했다. 이때 프로이스의 건강은 매우 악화된 상태였다. 『일본사』에 대한 소식을 다시 접하게 되는 것은 프로이스가 1593년 1월 18일 마카오에서 예수회 총장 앞으로 보낸 서신을 통해서이다. 프로이스는 "하루 중 오전과 오후 3~4시간 정도를 할애하여 예수회 서간문을 쓰고 있다"고 언급하고 "5~6년 걸려 마침내 『일본사』를 완성했고, 현재 순찰사가 바쁜 일정 중 시간을 내어 검토하려고 한다"고 기술하고 있다.[13] 같은 해 11월 12일 프로이스는 예수회 총장에게 또 다른 서신을 보냈다.[14] 여기에서 프로이스는 "마카오에서 건강이 많이 악화되었으며 여전히 예수회 연례서간문을 작성하느라 바쁜 나날을 보내고 있다. 그리고 일본 부관구장으로부터 『일본사』 임무를 받은 후 지난 6년 동안 모든 정성을 기울였다"고 언급하면서 "발리냐노가 일본을 방문했을 때 자신이 쓴 『일본사』를 읽어본 뒤 마카오에서 완성하고 마지막 검토를 하라고 했지만 정작 발리냐노 신부가 너무나도 바쁜 나머지 아직 그럴 기회가 없었다"고 기술하고 있다. 이 서신에서 프로이스는 『일본사』에 대한 발리냐노 신부의 의견을 알려주고 있다. 즉 '프로이스의 『일본사』 중 일본에 처음으로 도착해 포교활동을 한 신부들에 대한 내용은 현재 일본에 있는 신부와 수사들에게 긍정적인 영향을 주겠지만, 로마나 다른 지역에서 출판하려면 로마에서 인쇄한 예수회 연례서간문 분량이 훨씬 많으므로,[15] 어쨌든 『일본사』의 내용을 줄이고 요약하는 것이 낫다'는 것이었다.

이러한 발리냐노의 평가에 대해 프로이스 자신은 "『일본사』를 요약하려면 많은 부분에 손을 대지 않고서는 결코 쉬운 일이 아니며 불가능해 보인다"고 기술하고 있다. 그렇기 때문에 프로이스 자신은 "『일본사』 전체를 예수회 총장에게 보내되 생략할 수 있는 부분은 따로 표시하는 방법이 좋겠다"는 방법을 제안했다. 여기에 덧붙여 『일본사』는 모국어인 포르투갈어로 자신이 직접 작성했고, 또한 자신은 이미 고령으로 쇠약해 분실을 방지하려면 필사를 해야 하는데 그렇게 할 기력이 없음을 언급했다. 마지막으로 프로이스는 일본에 있는 몇몇 신부들이 자신의 『일본사』를 읽은 뒤 "예수회 총장님께서 이 『일본사』를 받아볼 수 있다면 매우 기뻐할 것"이라고 언급했다고 기술하고 있다. 그러면서 프로이스는 예수회 총장이 최고의 방법으로 생각하는 것을 순찰사인 발리냐노나 일본 부관구장 페드로 고메스Pedro Gómez(스페인)에게 명령하기를 기다리겠고, 자신은 그러한 회신을 받을 때 살아 있을지 모르겠지만 그 결정에 따르겠노라고 했다.[16]

프로이스는 예수회 총장에게 서신을 보낸 이후에도 『일본사』 집필을 멈추지 않았다. 그리고 마카오에 있는 동안 『일본사』의 마지막 시기에 해당하는 1594년 2월까지의 내용을 완성했다. 일본사 초고를 마친 프로이스는 출판을 위해 원고를 로마로 보내려고 시도했으나 발리냐노가 이를 마땅히 여기지 않아 실현되지 못했다. 결국 프로이스의 원고는 모국인 포르투갈은 물론 로마로도 보내지지 못하고 마카오에 남게 됐다.

프로이스의 1593년 11월 12일자 서신에서 이미 살펴봤듯이 프로이스는 『일본사』의 출판 여부에 대한 최종 결정을 예수회 고위 성직자들에게 맡겼기 때문에 1595년 7월 그가 나가사키로 돌아왔을 때 『일본사』 원고는 마카오에 남겨둔 것으로 보인다. 이렇게 마카오에 남은 프로이스의 『일본사』 필사본은 예수회 신부들의 손이 닿지 않은 곳에 보관돼 18세기 중반까지 세상에 알려지지 않았다.

일본으로 돌아온 프로이스는 계속해서 예수회 일본 연례서간문 집필을 담당했다. 프로이스는 1597년 3월 '26성인 순교 사건'에 대한 보고서를 마지막으로 작성하고, 1597년 7월 8일 나가사키에서 숨을 거뒀다.

『일본사』의 서지학적 해석

프로이스의 『일본사』는 1549~1594년 초 일본의 주요 사건들과 예수회 신부들의 포교활동에 대해 편년체 형식으로 자유롭게 작성한 서간문이다. 프로이스는 서문에서 『일본사』 집필 이유를 다음과 같이 밝혔다. "[……] 가톨릭 포교를 위해 노력하는 신부와 형제들에게 과거 선행자들의 업적을 알게 함으로써 이들을 고무시키고, 『일본사』가 유럽에서 출판돼 아주 먼 지역에서도 가톨릭 포교와 발전사를 알리려는 예수회 총장님의 바람을 실천하기 위해서이다. [……]"[17]

프로이스는 『일본사』를 모두 세 부분으로 구분해 집필했다. 서론 부분에는 일본에 대한 정보, 즉 일본의 기후와 특징, 일본인들의 풍습과 종교와 의식 등에 대해 객관적이고 정확한 정보를 제공함으로써 앞으로 이야기할 일본에서의 가톨릭 도입과 발전사에 대해 독자들의 이해를 도우려 했다. 프로이스가 언급하는 제1부는 하비에르가 고아로부터 일본에 도착한 때부터 이후 일본으로 건너가 포교활동을 벌인 예수회 신부와 수사들, 또 이들이 겪은 어려움에 대한 내용으로 1549~1578년의 시기에 해당한다. 제2부와 제3부는 분고국 출신 영주가 세례 받은 것을 시작해 1594년 2월까지의 시기에 해당한다. 『일본사』 집필을 위해 프로이스는 과거 일본에서 활동한 신부와 수사들, 가톨릭교도들의 편람과 회상, 출판된 예수회 연례서간문을 참고했다. 잘못된 정보나 보충해야 할 내용은 『일본사』 내에 추가했다.

프로이스는 『일본사』 서문에서 다음과 같이 적었다. "38년 간의 경험 및 일본인들의 언어와 대화를 점차 이해하게 되면서 보는 것만으로는 얻을 수 없는 숨겨진 사실들을 배웠다. 지금이야말로 『일본사』를 집필해 보낼 적절한 때이다.([······] passados 38 anos de experiência, e descubrindo o estudo da língua e comunicação dos homens, os segredos que somente a vista não podia alcansar, agora é tempo oportuno para escrever e enviar a Historia do Japão.[······])" 그러면서 지금까지 자신이 기록한 서간문들이 『일본사』 집필에 많은 도움이 되었고, 그중 일본 부관구장 가스파르 코엘류를 따라 1586년 포교활동이 이뤄지고 있던 일본의 모든 지역을 여행해 그곳에서 만난 신부와 수사와 가톨릭교도들을 통해 수많은 정보를 얻은 것이 특히 도움이 되었다고 고백했다. 이러한 경험을 바탕으로 프로이스는 일본 지역에 대한 생생하고도 비교적 정확한 정보는 물론 주요 인물들에 대해 자세히 기록할 수 있었다. 실제로 『일본사』 중 1563년 이후에 해당하는 내용에는 상당히 많은 일본의 인물이 등장하는데, 프로이스는 비교적 객관적 입장에서 이들에 대해 서술했다.

프로이스는 1552년 인도 고아에 있던 시절부터 일본에서 보낸 마지막 순간까지 쉬지 않고 예수회 연례서간문을 작성했다. 또한 일본 부관구장인 가스파르 코엘류의 동반자이면서 비서였기 때문에 일본으로 도착하는 모든 예수회 서신을 열람할 수 있었다. 따라서 프로이스는 『일본사』를 집필하는 데 있어서 예수회 신부들의 수많은 서신을 인용하거나 삽입했다.

프로이스는 1593년 코임브라와 에보라의 신부와 수사들에게 보낸 서신[18]에서 "『일본사』에는 지금까지 알려지지 않은 사실은 물론 예수회 서간문에도 기록되지 않은 내용이 실려 있으므로 읽는 이들을 만족하게 하리라 믿는다([······] o que na Historia não menos lhe agradará serão as cousas de que athé agora não tiverão noticia, por aver muytas que não forão referidas nas cartas que lá foram enviadas.[······])"라고 적었다.

일본에서 약 30년을 보낸 프로이스는 특히 16세기 일본 쇼쿠호(織豊) 시대에 대해 비교적 자세하고 생동감 있게 기록하고 있다. 그는 『일본사』 마지막 장의 주제인 임진왜란에 대해 도요토미 히데요시가 중국 정복을 통해 자신의 권력과 명예를 얻는 한편 전국다이묘(戰國大名)들의 재산을 빼앗고 일본에서 몰아내려는 술책이라고 비난하고 있다. 나아가 도요토미 히데요시의 이러한 전쟁에 대한 망상이 얼마나 어리석고 헛된 일이었는지 비판하고 있다. 임진왜란과 관련된 내용은 아쉽게도 1594년 초까지만 기술돼 있지만 도요토미 히데요시의 전쟁

의도와 준비 과정, 전쟁 발발 전 일본의 정세에 대해 상당히 정확한 정보를 담고 있어 한국사 및 동양사는 물론 세계사를 공부하는 이들에게 매우 귀중한 사료라고 할 수 있다.

프로이스의 『일본사』 집필 후에도 예수회는 일본에서의 가톨릭 포교사업에 대한 저서를 남기려고 노력을 계속 기울였다. 중국과 일본에서 '통역사'로 알려진 주앙 호드리그스João Rodrigues(포르투갈)[19] 신부가 1634년까지 일본을 포함해 중국, 한국, 안남(베트남), 통킹, 시암(태국), 캄보디아에서의 포교사업에 대한 글을 작성했다. 그러나 현재 전해지는 부분은 대부분 일본과 일본인, 1549~1552년 하비에르 신부의 일본에서의 포교활동에 대한 내용이며 프로이스의 『일본사』만큼 상세한 정보를 담지는 못했다. 프로이스의 『일본사』는 16세기에 작성된 저서들 중 일본 포교사업에 대해 가장 충실하고 완벽한 저서라고 할 수 있다.

『일본사』의 재발견

약 10년 동안의 집필 기간 끝에 드디어 프로이스의 『일본사』 초고가 완성됐을 때 순찰사 발리냐노로부터 돌아온 반응은 의외였다. 즉 『일본사』가 지나치게 사소한 일까지 기록하고 있으며, 내용이 장황하고 과장됐다고 평가한 것이다. 발리냐노는 『일본사』가 예수회 신부들의 일본 포교활동에 대한 요약문 정도이기를 기대한 것이다. 따라서 발리냐노는 완성된 『일본사』 원고를 로마로 보내지 않았고, 결국 『일본사』는 마카오의 예수회 문서관에서 출판의 기약 없이 빛을 보지 못하게 됐다.

이후 프로이스 필사본은 18세기 전반기에 포르투갈 리스본의 왕실역사학회(Real Academia da História)[20]가 고문서 발굴과 필사작업을 목적으로 마카오에 파견한 학자들에 의해 발견됐다. 주제 드 제수스 마리아 José de Jesus Maria, O. F. M.(포르투갈) 프란시스코회 신부와 주제 몬타냐 José Montanha, S. J.(포르투갈)[21] 예수회 신부는 1742년 3월 4일 리스본 항을 출발해 그해 11월 5일 마카오에 도착했고, 이 중 몬타냐가 프로이스의 『일본사』를 발견해 1744년경 자신이 작성한 필사본을 리스본으로 보냄으로써 『일본사』의 존재가 세상에 알려지게 됐다. 그러나 이 시기에 포르투갈과 스페인 정부가 예수회를 탄압하기 시작했으며[22], 리스본 왕실역사학회 역시 내부 사정이 여의치 않다가 폐쇄되자 몬타냐의 필사본 역시 출판되지 못하고 세계 곳곳으로 흩어지게 됐다. 설상가상으로 마카오에 보관돼 있던 『일본사』 원본이 1835년 발생한 화재로 소실됨으로써 프로이스 『일본사』는 다시 어둠 속에 묻혔다. 이후 20세기에 들어와 포르투갈과 프랑스의 도서관에서 몬타냐의 필사본이

속속 발견됨에 따라 1549~1594년에 해당하는 『일본사』 부분이 편년사 형태로 전해지게 됐다.

몬타냐의 『일본사』는 여러 부의 필사본이 각기 다른 형태로 여러 도서관에 소장돼 있다. 앞에서도 말했듯이 예수회의 일본 포교사 내용에 앞서 프로이스가 작성한 일본과 일본인에 대한 서론 부분[23]은 프로이스가 가리킨 대로 『일본사』에 포함돼 있어야 하지만 몬타냐의 필사 작업 때 포함되지 않은 것으로 보인다. 당시 일본에 대해서는 주앙 호드리그스가 집필한 자료[24]가 이미 존재하고 있었기 때문으로 보인다. 몬타냐는 『일본사』의 1549~1578년에 해당하는 부분을 「제1부 Primeira Parte」로 그대로 필사했지만 프로이스가 「제2부」라고 구분한 1579~1588년에 해당하는 내용과 이후 1589~1594년에 해당하는 내용을 모두 「제2부」로 구분했다. 한편 1589~1594년에 해당하는 부분에 대한 언급은 어느 사료에서도 발견되지 않는다. 이는 프로이스가 1579~1589년에 해당하는 내용의 집필을 마친 뒤 몇 년 동안의 휴식 기간을 가졌기 때문으로 보인다. 실제로 프로이스는 1593년 11월 12일 예수회 총장에게 보내는 마카오에서 작성한 서신에서 "[……] (15)89년 뒤부터 현재까지 『일본사』 집필은 당분간 더 추가된 내용이 없이 중단된 상태에 있으며,(Dende el año 89 hasta agora estaa la Istoria ansí suspensa sin en ella se hazer nada ni proseguir,) [……]"라고 적고 있다.[25] 따라서 1590년~1593년 2월에 해당하는 『일본사』의 마지막 내용은 1593년 11월 이후와 프로이스가 숨을 거둔 1597년 7월 사이에 작성된 것인데, 프로이스가 마카오에서 일본으로 다시 간 것이 1594년 4월이었고 이때 마카오~일본 간 정기선이 마카오에 도착한 사실을 마지막으로 언급한 것으로 미뤄 아직 마카오에 있을 기간에 집필했을 것으로 볼 수 있다.

프로이스 『일본사』	몬타냐 필사본
「*Tratado*」(총 37장): 일본의 기후, 특징, 풍습, 종교 등 일반적 소개	필사 작업 때 포함되지 않았고, 마카오 문서보관소 화재로 소실.
「제1부」(총 116장): 1549~1578년에 해당하는 내용	「제1부」
「제2부」(총 129장): 1578~1588년에 해당하는 내용	「제2부」
「제3부」(총 80장): 1589~1594년 2월에 해당하는 내용	

≪프로이스 원고와 몬타냐 신부 필사본의 내용 분류 대조표≫

몬타냐가 총 2부의 필사본을 리스본으로 보낸 것으로 알려졌으나 일부는 1755년 리스본 대지진과 나폴레옹 전쟁, 19세기의 크고 작은 사건들을 겪는 동안 소실됐다. 현재 1549~1565년에 해당하는 필사본은 1부, 1566~1581년은 2부, 1582~1588년은 1부, 1589~1593년은 2부 만이 각각 존재하고 있다.

주

1 루이스 프로이스와 그의 『일본사』에 대한 자료는 포르투갈 국립도서관이 간행하고 주제 위키 신부가 역주譯註한 『일본사』를 주로 참고했다. Luís FRÓIS, S. J., Historia de Japam, Vol. I, pp. 1*~45*.

2 루이스 프로이스의 친척으로 알려진 바르톨로메우 프로이스Bartolomeu Fròis는 당시 대장성大藏省 서기로서 왕실 비서청의 관료로 봉직했다. Luís FRÓIS, S. J., Historia de Japam, Vol. I, p. 3*.

3 프로이스 일행은 마카오에서 항해 시기를 놓쳐 10개월 동안 마카오에 머물러야만 했다. 이들은 1563년 6월 일본을 향해 출발했다.

4 Giovanni Pietro MAFFEI, Le historie delle Indie Orientali: con una scielta di lettere scitte delle Indie, fra lequali ve ne sono molte non pui stampate, tradotte dal medesimo, Venetia: appresso Damian Zenaro, 1589.

5 마페이 신부가 예수회 총장 메르쿠리아노에게 코임브라에서 작성한 1579년 11월 6일자 서신(ARSJ Epp. NN. 95). Luís FRÓIS, S. J., Historia de Japam, Vol. I, p. 397.

6 예수회 총장 앞으로 보낸 1587년 1월 1일자 서신에서 프로이스는 '일본에 도착한 이후로 항상 연간 서신을 작성하고 있는데, 벌써 24년째([⋯] Andai sempre continuando con le annue che mi sonno incarrecate dipoi che sto in Giappone, che son 24 anni, [⋯])'라고 적었다. Jap. Sin. 10 II. Luís FRÓIS, S. J., Historia de Japam, Vol. I, p. 400.

7 프로이스가 예수회 총장 아쿠아비바에게 나가사키에서 작성한 1585년 10월 25일자 서신(Jap. Sin. 10 I). Luís FRÓIS, S. J., Historia de Japam, Vol. I, pp. 399-400.

8 프로이스가 예수회 총장 아쿠아비바에게 시모노세키에서 작성한 1587년 1월 1일자 서신(Jap. Sin. 10 II). Luís FRÓIS, S. J., Historia de Japam, Vol. I, pp. 400-401.

9 Luís FRÓIS, S. J., Historia de Japam, Vol. II, p. 516.

10 발리냐노가 예수회 총장 아쿠아비바에게 마카오에서 작성한 1588년 10월 30일자 서

신(Jap. Sin. 10 II), Luís FRÓIS, S. J., Historia de Japam, Vol. I, pp. 401-403.

11 프로이스가 예수회 총장 아쿠아비바에게 가쓰사Katsusa에서 작성한 1589년 1월 30일자 시신(Jap. Sin. 45 I). Luís FRÓIS, S. J., Historia de Japam, Vol. I, pp. 403-404.

12 프로이스가 예수회 총장 아쿠아비바에게 일본에서 작성한 1589년 9월 13일자 서신 (Jap. Sin. 11 I). Luís FRÓIS, S. J., Historia de Japam, Vol. I, p. 404.

13 프로이스가 예수회 총장 아쿠아비바에게 마카오에서 작성한 1593년 1월 18일자 서신(Jap. Sin. 12 I). Luís FRÓIS, S. J., Historia de Japam, Vol. I, pp. 404-405.

14 예수회 총장은 1591년 1월 2일 프로이스 앞으로 서신을 보내 가능한 이른 시일 내에 『일본사』 검토를 마칠 것을 요청하였다.

15 프로이스가 1584년에 작성한 연례서간문은 총 351쪽이고, 1585년 서간문은 336쪽에 달한다.

16 프로이스가 예수회 총장 아쿠아비바에게 마카오에서 작성한 1593년 11월 12일자 서신(Jap. Sin. 12 I). Luís FRÓIS, S. J., Historia de Japam, Vol. I, pp. 406-409.

17 Luís FRÓIS, S. J., Historia de Japam, Vol. I, p. 3.

18 프로이스가 코임브라Coimbra와 에보라Évora 예수회 신부들과 수사들에게 마카오에서 1593년 작성한 서신. Luís FRÓIS, S. J., Historia de Japam, Vol. I, pp. 409-410.

19 주앙 호드리그스에 대한 대표적 연구논문으로는 Michael COOPER, S. J., Rodrigues the interpreter: an early Jesuit in Japan and China, New York : Tokyo : Weatherhill, 1974가 있다. 국내 연구논문으로는 정성화, 「17세기 예수회 역사가 로드리게스의 『일본교회사』에 나타난 한국 인식」, 『인문과학 연구논총』, Vol. 19, 명지대학교 인문과학연구소, 1999가 있다.

20 1720년 12월 8일 동 주앙 5세(D. João V)는 사료로서 가치가 높은 문서를 발굴하고 편찬하기 위해 왕실역사학회(Acadamia Real Portuguesa da História)를 설립했다. 그러나 이 기관은 큰 성공을 얻지 못하고 18세기

후반기에 이르러 활동이 점점 줄어들면서 결국 폐쇄되었다.
21 몬타냐는 1708년 1월 포르투갈 코임브라에서 태어나 1722년 예수회에 입단했다. 그는 1733년경 사제 서품을 받았으며 1742년부터 1745년까지 마카오에 체류한 이후 시암(태국)에서 예수회 포교장으로 봉직했다. 1748년 말 몬타냐는 마카오로 돌아와 그 후 몇 년동안 예수회 관구장으로 근무했다. 몬타냐는 1754년 예수회 허락 없이 포르투갈로 귀환해 이듬해 로마에서 숨을 거두었다. Luís FRÓIS, S. J., *Historia de Japam*, Vol. I, p. 16*.
22 1759년 퐁발 재상(Marquês de Pombal)은 국내 개혁을 추진할 목적으로 포르투갈과 식민지에서 예수회의 추방을 결정했다. 그 후 예수회는 프랑스에서 1764년, 스페인과 그 식민지에서는 1767년에 각각 추방되었다. 1773년 교황 클레멘트 14세는 프러시아와 벨라루시를 제외한 전 세계 예수회의 해산을 명령했다.
23 이 부분은 마카오에서 2001년 단행본으로 발행되었다. Luís FRÓIS, *Tratado das contradições e diferenças de costumes entre a Europa e o Japão*, Macau: IPOR, 2001.
24 호드리그스 신부가 집필한 『일본 가톨릭 교회사*História da Igreja do Japão*』에는 일본에 대한 일반적 설명과 특징, 일본인들의 풍습 및 예술, 일본의 언어 및 문학에 대한 내용이다. 리스본 아주다 도서관(Biblioteca da Ajuda, Códice 49-IV-53, ff. 1-181)에 소장되어 있으며, 1954~1955년에 마카오에서 단행본으로 발행되었다. João Rodrigues TÇUZZU, (pref.) João do Amaral Abranches PINTO, *História da Igreja do Japão*, Macau: Notícias de Macau, 1954-1955, 2 vols., Colecção Notícias de Macau; 13, 14.
25 프로이스가 예수회 총장 아쿠아비바에게 마카오에서 작성한 1593년 11월 12일자 서신(Jap. Sin. 12 I). Luís FRÓIS, S. J., *Historia de Japam*, Vol. I, pp. 406-409.

『일본사』 필사본 소장처[1]

1. 리스본 국립도서관(Biblioteca Nacional) 소장 – Códice *9448*, Códice *177 360*, Códice *177 361*

__ Códice *9448* (ff. 201v–445r)

여러 예수회 서간문을 모아 놓은 자료로, '아시아에서의 예수회 신부들(Colecção Jesuítas na Ásia)'에 분류돼 있다. 이 문서는 『일본사』의 1566~1581년에 해당하는 내용으로, 제1부의 마지막 장들과 제2부의 첫 장을 포함하고 있다. 아주다 도서관 소장본(Códice *49-IV-54*)에는 빠져 있는 문장이나 단어들이 이 필사본에는 적혀 있으므로 더 정확한 필사본으로 보인다.[2] 아주다 도서관 소장본과 장章의 매김 또한 다르다. 아주다 도서관 소장본은 1566년 내용이 제68장으로 돼 있고 1578년의 내용은 제116장으로 종결된다. 그러나 국립도서관 소장본은 1566년이 제1장으로 돼 있고 1578년은 제49장에서 종결된다. 1579년은 제50장으로 계속되며 마지막 장인 1581년은 제76장에서 끝이 난다. 한편 프로이스는 1579~1594년에 해당하는 제2부를 새로 「제1장」으로 시작했다. 그렇기 때문에 몬타냐가 마카오에서 필사 작업을 시작했을 때 이미 제2부의 『일본사』 필사본이 존재했을 것으로 추정되며, 두 필사본 중 한 부에는 누락됐거나 오역된 부분이 있었을 것으로 보인다.[3]

_ Códice *177 360*, Códice *177 361*

이 두 문서는 프랑스 고서 수집가인 폴 사르다Paul Sarda의 개인문고에 소장돼 있던 필사본으로[4] 포르투갈 국립도서관이 1957년에 구입했다. 먼저 Códice *177 360*은 1584~1587년에 해당하는 내용이고, Códice *177 361*은 아주다 도서관 필사본의 또 다른 필사본으로 1588년~1594년 초에 해당한다. 따라서 이 두 문서는 1583~1593년에 해당하는 프로이스 『일본사』의 마지막 부분에 해당된다. Códice *177 360*은

1942년 일본 도쿄에서 João do Amaral Abranches Pinto, Yoshitomo Okamoto, Henri Bernard 예수회 신부에 의해 출판된 바 있다.[5] Códice *177 361*은 총 80장으로 구성돼 있으며, 제1장으로 시작한다.(아주다 도서관 필사본은 제106장으로 시작한다.)

2. 리스본 아주다 도서관(Biblioteca da Ajuda) 소장 – Códice *49-IV-54*, Códice *49-IV-57*

__ Jesuítas na Ásia, Códice *49-IV-54*

총 423장에 이르는 상당한 분량으로, 몬타냐 신부가 작성한 필사본이다. 총 37장으로 구성된 「*Tratado*(일본과 유럽 간 문화비교론)」의 목차와 프로이스의 서문 Prólogo이 포함돼 있으며, 1549~1578년에 해당하는 『일본사』 제1부 본문이 이어진다. 프로이스는 마지막 장에 "1586년 12월 30일에 제1부 집필을 완성했다"고 언급하고 있다. 이 필사본에는 국립도서관 소장의 Códice *9448*과 비교했을 때 누락되거나 오역된 부분들이 발견된다. 이 필사본은 1800년대 후반에 하비에르 신부를 주제로 연구하던 크로스 L. J. M. Cros 예수회 신부가 리스본의 아주다 도서관에서 발견했다. 그리고 자신의 연구논문[6]에 그 일부를 프랑스어로 번역해 소개함으로써 그동안 존재조차 알려지지 않았던 프로이스의 『일본사』가 세상에 다시 알려지게 됐다. 이후 포르투갈에서 16세기 포르투갈의 동양 선교활동에 대해 연구하던 게오르크 슈라머Georg Schurhammer 신부가 1926년 독일어로 번역하고 출판했다.[7]

__ Jesuítas na Ásia, Códice 49-IV-57

몬타냐가 작성한 필사본으로, 1589~1594년에 해당하는 부분이다.

3. 해외역사고문서관(Arquivo Histórico Ultramarino) - Cota No. 1659

『일본사』 서문 및 1578~1582년(총 43장)에 해당하는 내용으로 제2부 중 1589년까지의 목록이 포함돼 있으며, 몬타냐가 작성한 필사본이다. 1932년까지 포르투갈 국립도서관에 소장돼 있었다. 붉은색의 부드러운 가죽으로 입힌 표지로 되어 있는 모습이 아주다 도서관에 소장된 필사본들과 아주 흡사하다. 이 필사본은 1932년 프란시스코회 신부인 도로테우스 실링Dorotheus Schilling에 의해 발견됐고, 국립도서관의 Códice 177 360과 함께 1942년 일본 도쿄에서 출판됐다. 아래 도표는 프로이스 『일본사』의 다양한 필사본의 소장처를 간략히 언급한 것이다.

『일본사』 필사본	소장처	해당 연도
「Tratado」	아주다 도서관 Códice *49-IV-54*	목차만이 존재.
제1부 (1549-1578년)	아주다 도서관 Códice *49-IV-54*	1549~1578년
제1~2부	리스본 국립도서관 Cód. *9448*	1566~1581년
제2부 (1579-1588년)	해외역사고문서관 Cota No. *1659*	1578~1582년
	리스본 국립도서관 Cód. *177 360*	1584~1587년
제3부 (1589-1594년)	리스본 국립도서관 Cód. *177 361*	1588~1594년
	아주다 도서관 Cód. *49-IV-571*	1589~1594년
Luís FRIÓS, S. J., (ed.) José WICKI, S. J., Lisboa: Biblioteca Nacional, 1976~1984, 5 vols.		

≪프로이스 『일본사』 필사본 소장처≫

주

1 Luís FRÓIS, S. J., *Historia de Japam*, Vol. I, pp. 20*-24*를 참고하였다.

2 역자들이 번역본으로 삼은 『일본사』는 바로 포르투갈 국립도서관이 발행한 자료로, 본문 중 프로이스가 괄호 안에 보충 설명한 내용까지 필사되어 있다. 따라서 역자들은 이를 미주에서 "프로이스주"로 설명하고 있다.

3 Luís FRÓIS, S. J., *Historia de Japam*, Vol. I, pp. 20*-21*.

4 그동안 알려지지 않았던 1583~1593년에 해당하는 『일본사』 필사본은 여러 고문서 수집가의 손을 거쳐 1912년 5월 폴 사르다 Paul Sarda가 500프랑에 독일 뮌헨의 루트비히 로젠탈Ludwig Rosenthal 고서점에서 구입한 것이다.

5 Luís FRÓIS, (ed., e anot.) João do Amaral Abranches PINTO, Yoshitomo OKAMOTO, *Segunda parte da Historia de Japam, que trata das couzas, que socedarão nesta v. provincia da Hera de 1578 por diante, começado pela conversão del Rey de Bungo (1578-1582)*, Tòquio : Sociedade Luso-Japonesa, 1938.

5 J. M. CROS, S. J., S. *François de Xavier, sa vie et ses letters*, vol. II, Toulouse, 1900.

6 Georg SCHURHAMMER, "P. Luis Frois S. J., ein Missionshistoriker des 16. Jahrhunderts in Indien und Japan" in *Stimmen der Zeit*, vol. 109 (1925), pp. 453-469.

7 Georg SCHURHAMMER, "P. Luis Frois S. J., ein Missionshistoriker des 16. Jahrhunderts in Indien und Japan" in *Stimmen der Zeit*, vol. 109 (1925), pp. 453-469.

임진난의 기록
루이스 프로이스가 본 임진왜란

펴낸날	초판 1쇄 2008년 3월 28일
	초판 5쇄 2022년 2월 3일

지은이 **루이스 프로이스**
옮긴이 **양윤선 · 정성화**
펴낸이 **심만수**
펴낸곳 **(주)살림출판사**
출판등록 **1989년 11월 1일 제9-210호**

주소   경기도 파주시 광인사길 30
전화   031-955-1350   팩스 031-624-1356
홈페이지 http://www.sallimbooks.com
이메일 book@sallimbooks.com

ISBN   978-89-522-0760-9   04080
       978-89-522-0855-2   04080 (세트)

※ 값은 뒤표지에 있습니다.
※ 잘못 만들어진 책은 구입하신 서점에서 바꾸어 드립니다.